LE
DOGMATISME MORAL

PAR

L. LABERTHONNIÈRE

PRÊTRE DE L'ORATOIRE

PARIS

A. ROGER ET F. CHERNOVIZ, ÉDITEURS

7, RUE DES GRANDS-AUGUSTINS, 7

1898

LE
DOGMATISME MORAL

PAR

L. LABERTHONNIÈRE

PRÊTRE DE L'ORATOIRE

PARIS

A. ROGER ET F. CHERNOVIZ, ÉDITEURS

7, RUE DES GRANDS-AUGUSTINS, 7

1898

LE DOGMATISME MORAL

Etre ou n'être pas, disait Hamlet. Et cela signifie sans doute croire à l'être ou n'y pas croire. Tout est là en effet. C'est la question qui se pose pour tout homme. Et plus ou moins consciemment tout homme en vivant la résout dans un sens ou dans l'autre. Question jamais épuisée et qui renaît pour ainsi dire d'elle-même. Elle se lève sur chaque génération. Elle prend chaque homme au cœur et fait de son existence un drame. Quelque progrès qu'on réalise elle reparaît toujours ; on la renouvelle, on ne la supprime pas. Les philosophies et les religions considérées comme doctrines nous en présentent des solutions diverses. Mais en toute hypothèse ces solutions ne valent pratiquement que pour ceux qui les admettent. Et les admettre c'est au moins pour une part les découvrir et les inventer soi-même. Le drame se noue et se dénoue pour chacun en particulier malgré la solidarité qui règne entre tous. Et de ce point de vue le problème de l'être doit se poser dans ces termes : comment en fait croit-on à l'être et comment n'y croit-on pas ? Que se passe-t-il dans l'âme de celui qui croit, et que se passe-t-il dans l'âme de celui qui ne croit pas ? Ce n'est pas seulement la pensée humaine qui gravite autour du problème de l'être, c'est la vie humaine tout entière.

A toutes les époques il en est qui ont déclaré ne pas croire à l'être ; et à toutes les époques il en est qui ont semblé témoigner au moins par leur conduite qu'ils n'y croyaient pas. Leur doute et leur négation prennent des formes différentes, mais en définitive ce qu'ils disent ou ce qu'ils font signifie toujours que notre existence n'est qu'un tissu d'apparences destinées à s'évanouir et sous lesquelles il n'y a rien. Depuis l'antiquité on les appelait des sceptiques. Et on opposait le scepticisme qui nie l'être au dogmatisme qui l'affirme. Mais de nos jours, au moins dans certains milieux, on a pris peu à peu l'habitude de désigner les négations de l'être par le terme d'idéalisme. Par là des confusions regrettables se sont introduites. On aboutit ainsi à attribuer des négations à ceux mêmes qui affirment avec le plus de conviction et d'énergie. Il sera donc bon tout d'abord d'essayer de remettre un peu de précision dans cet éternel débat. Et c'est par là que nous commencerons.

I

L'Idéalisme.

Qu'est-ce donc que l'idéalisme ? On suppose à chaque instant, ainsi que nous le disions tout à l'heure, que c'est la doctrine qui nie l'existence des réalités en soi. Mais en même temps il est facile de remarquer qu'en fait les doctrines les plus diverses sont comprises sous cette dénomination. Et, chose plus curieuse, certaines doctrines, le Platonisme par exemple, sont appelées tour à tour idéalisme et réalisme. Quand en psychologie on étudie la nature des idées, comme selon Platon les idées sont des réalités en soi, on dit que Platon est réaliste. Et quand en métaphysique on se demande quelle est la nature des réalités en soi, comme encore selon Platon les réalités en soi sont des idées, on dit qu'il est idéaliste.

Assurément il n'y a point là de contradiction. Mais c'est qu'aussi par idéalisme on ne signifie pas du tout dans le cas présent un pur subjectivisme, une négation de la réalité en soi. L'idéalisme entendu à la façon platonicienne n'est pas une doctrine qui dit : il n'y a pas de réalités en soi ; mais c'est une doctrine qui dit : les réalités en soi sont de telle nature, les réalités en soi sont des idées. Il ne répond pas à cette question : existe-t-il des réalités en soi ? mais il répond à cette question : quelle est la nature des réalités en soi ? On a le droit de dire sans doute que les idées ne peuvent exister en soi, et qu'en conséquence concevoir la réalité comme constituée par des idées c'est se repaître l'esprit avec des abstractions. Mais là n'est pas la question. Et se tromper sur la nature de la réalité en soi ce n'est pas la même chose que de n'y pas croire et de la nier.

En tout cas ce qui apparaît nettement tout d'abord c'est qu'il faut distinguer deux questions : celle de l'*existence* des réalités en soi et celle de leur *nature*. C'est une distinction dont on ne tient pas assez compte. Et cependant on aurait absolument tort de s'imaginer que la première question peut être résolue indépendamment de la seconde et que pour procéder avec ordre et avec clarté on doit établir d'abord l'existence des réalités en soi pour chercher ensuite quelle est leur nature. Je sais bien que l'agnosticisme prétend en effet séparer ces deux questions et qu'il croit pouvoir s'en tenir à l'affirmation de l'existence d'une réalité en soi en disant que sa nature se dérobe invinciblement à nous. Mais l'attitude de l'agnosticisme est artificielle et menteuse. C'est ce qui ressortira de ce que nous allons dire.

Il est facile de remarquer en effet que pour poser cette question : existe-t-il des réalités en soi ? il faut sous ce mot « réalités » et sous ce mot « existence » mettre des idées. Autrement la question n'aurait pas de sens. Donc lorsque quelqu'un demande s'il existe des réalités en soi, cela veut dire exactement : ce que je conçois comme existant en soi, objectivement, indépendamment de la représentation que j'en ai, est-il bien en effet réellement existant ? Sans doute, en posant cette question, on peut arriver à donner à ce mot « réalités en soi » un sens de plus en plus indéterminé et vider successivement de leur contenu les idées diverses qu'on exprime par lui. Mais il n'en est pas ainsi dans la première démarche de la pensée réfléchissante. Le mot « choses » par exemple, qui vulgairement est synonyme de réalités en soi, a aussi vulgairement un sens très précis : c'est ce qu'on touche et c'est ce qu'on voit.

Peut-être du reste que l'indétermination à laquelle on aboutit par la critique des idées, indétermination qui résulte de ce qu'on n'ose plus en parlant des réalités en soi les constituer avec les données sensibles de l'expérience ou avec des abstractions tirées de ces données, peut-être, disje, que cette indétermination est au contraire à un autre point de vue une détermination véritable. C'est en faisant tomber les illusions qu'on découvre la vérité. Et il y a longtemps qu'après Platon les mystiques et les moralistes ont remarqué qu'en passant de l'illusion à la vérité on s'imagine tout d'abord quitter la lumière pour les ténèbres et la réalité solide pour le rêve impalpable. C'est cependant le contraire qui est vrai et on ne tarde pas à s'en apercevoir [1]. C'est de la même façon qu'en pratiquant le renoncement on a l'impression douloureuse de la mort ; et cependant c'est dans la vie qu'on entre.

∴

Il n'est pas douteux que le dogmatisme est dans tout esprit humain un état initial. Voilà ce qu'il y a de vrai dans la doctrine de ceux qui, sur ce point, pour répondre à la question de l'existence des choses, font appel au sens commun ou à l'instinct d'objectivation. Mais il faut examiner quel est le caractère de ce dogmatisme primitif et montrer comment dans la vie réfléchie, pour s'élever au-dessus de l'animalité, on doit le critiquer et le dépasser. Ce que nous avons à constater pour le moment c'est qu'en posant la question de l'*existence* de la réalité en soi on part toujours d'une conception de la *nature* de cette même réalité. Ce mot « réalité en soi » exprime une idée ; et cette idée d'une manière plus ou moins précise a un contenu. Il en faut dire autant du mot « existence ». Et, bien que sa signification ne puisse pas avoir la même complexité, ce n'est cependant pas la même chose de dire d'un *fait* qu'il existe et de le dire d'un *être* : un être existe en soi, un fait n'existe pas en soi.

On s'en va répétant, comme si la formule était parfaite-

---

[1]. C'est ainsi que S. Jean de la Croix explique que pour aller à Dieu, c'est-à-dire à la lumière pleine et indéfectible, il faut passer par une nuit obscure. Ce qui signifie qu'il faut changer d'orientation. Et changer d'orientation c'est cesser de voir ce qu'on voyait, d'où résulte tout d'abord l'impression qu'on ne voit plus rien.

ment claire et se suffisait à elle-même, que l'idéalisme est la doctrine qui nie l'existence de la réalité en soi. Mais comme il arrive ainsi qu'on accuse d'idéalisme des gens qui prétendent bien ne rien nier du tout, on devrait se demander de quelle réalité et de quelle existence il s'agit.

Si par « réalité » on entend les données de l'expérience sensible, comme les couleurs, les sons, les résistances, etc., ou même les objets sensibles en tant que sensibles et comme groupes de sensations ; et si par « existence » on entend le fait que ces couleurs, ces sons, ces résistances etc., ou ces objets sensibles sont réellement donnés dans l'expérience, on ne trouve personne qui nie « l'existence de la réalité ». Il n'est personne en effet qui voyant une couleur puisse prétendre sérieusement ne pas la voir. Et de même en est-il pour tout ce qui se trouve dans l'expérience. On peut mentir sans doute, voir et dire qu'on ne voit pas, entendre et dire qu'on n'entend pas. C'est contre ceux qui mentiraient de la sorte que peuvent valoir l'argument traditionnel du bâton ou les arguments analogues. Mais si l'idéalisme consistait en un mensonge de ce genre, nous n'aurions pas à nous en occuper ; ce ne serait pas une doctrine, ce ne serait qu'une plaisanterie.

Cependant il n'est pas rare qu'en accusant quelqu'un d'idéalisme, ce soit justement cette plaisanterie qu'on lui attribue. Et en la lui attribuant on se donne le droit de se moquer de lui ; on triomphe avec dédain, au nom du sens commun et de l'honnêteté intellectuelle. C'est très commode et très expéditif. Mais, en procédant de la sorte, ne s'expose-t-on pas soi-même à n'être pas pris au sérieux ? En tout cas c'est bien certainement ce qu'on mérite, puisqu'aucun de ceux qu'on appelle idéalistes, aucun de ceux qu'on a appelés sceptiques, n'ont jamais prétendu qu'ils ne voyaient rien, qu'ils n'entendaient rien, qu'ils ne sentaient rien.

Mais s'ils n'ont jamais prétendu qu'ils ne voyaient rien, qu'ils n'entendaient rien, qu'ils ne sentaient rien, comment se fait-il donc qu'on en vient si souvent, et sur un ton de parfaite assurance, à leur attribuer cette plaisanterie ? Comment se fait-il donc qu'après avoir qualifié d'idéalisme les doctrines les plus diverses on se contente de les ramener à cela pour les réfuter ? La chose vaut sans doute la peine qu'on s'y arrête, et c'est un moyen de se mettre en garde contre une démarche naïve et spontanée de l'esprit humain en face des idées qui lui sont étrangères. Voici donc dans le cas présent ce qui se passe.

*
* *

Supposons quelqu'un qui admette simplement que par la perception sensible nous atteignons directement et immédiatement la réalité en soi, l'être, et non pas seulement le phénomène ; et que cette réalité nous l'atteignons telle qu'elle est en soi. En fait c'est la perception même qu'ainsi il considère comme de la réalité, comme de l'être. Si donc on vient lui dire que la perception comme telle est non pas une réalité en soi, mais un fait de conscience, une modification du sujet sentant, comme dans sa pensée c'est la réalité même et qu'il n'a jamais envisagé les choses sous un autre biais, il lui semblera tout naturellement qu'on nie à la fois et la réalité et sa perception ; car pour lui sa perception et la réalité en soi ne faisant qu'un, dire que sa perception n'est pas la réalité en soi, c'est dire qu'il n'y a ni réalité ni perception. Et tant qu'il n'aura pas réfléchi pour comprendre qu'en s'exprimant ainsi on signifie seulement qu'il n'y a pas identité entre sa perception et la réalité en soi, il sera à jamais impossible de s'entendre avec lui. A ses yeux on sera coupable d'absurdité sinon de mensonge : on sera idéaliste.

Le cas serait peu différent si l'on avait affaire à quelqu'un qui considérerait la perception non plus comme la réalité en soi immédiatement connue, mais comme la représentation adéquate, comme l'image et le décalque de la réalité en soi dans l'esprit. Pour celui qui adhère à cette manière de voir il n'y a plus identité entre la perception et la réalité, mais seulement équation : c'est le rapport qui existe entre un objet et sa reproduction dans un miroir fidèle. Si donc on conteste devant lui cette équation, si l'on soutient que la perception sensible n'est pas la reproduction de la réalité en soi, il ne dira plus sans doute — ou au moins il ne devrait plus dire — qu'on nie le fait même de la perception ; mais il dira qu'on transforme la perception en un rêve, en une sorte d'hallucination. Et comme on nie que la réalité soit en elle-même telle qu'il la conçoit en objectivant sa perception, il prétendra lui aussi qu'on nie absolument la réalité. Et si on lui fait remarquer qu'on la conçoit seulement d'une autre manière que lui, il lui apparaîtra qu'on s'attache à des chimères et qu'on lâche la proie pour l'ombre. Pour celui-là encore on sera donc idéaliste.

Jusqu'ici nous nous trouvons en présence de ce que nous appellerons le dogmatisme empirique. Du point de vue de ce dogmatisme apparaissent comme idéalistes tous ceux qui n'admettent point que par les données sensibles nous atteignons et nous connaissons la réalité telle qu'elle est en soi. Ceci cependant, et il semble assez facile de le remarquer, n'implique pas qu'on nie l'existence de la réalité en soi ni qu'on juge impossible de la connaître. Ceci implique seulement que les données sensibles n'ont pas une valeur ontologique, et que ce n'est point par la sensation que l'être des choses vient en nous ou que nous allons à l'être des choses. Et il reste la question de savoir si nous n'avons pas un autre moyen à notre disposition, et si la nature de la réalité en soi n'est pas tout autre que celle que lui attribue le dogmatisme empirique : car il y a connexité entre la manière dont on conçoit la nature de la réalité et le moyen par lequel on prétend la connaître. Si donc on accuse quelqu'un d'idéalisme en lui attribuant de nier l'existence de la réalité uniquement parce qu'il n'accorde pas une valeur ontologique aux données sensibles, c'est qu'on est comme aveuglé par sa propre manière de voir. Et cet aveuglement n'est pas propre aux seuls empiristes.

*
* *

Si nous nous plaçons dans l'hypothèse d'un dogmatisme intellectualiste nous verrons encore se produire un malentendu analogue à celui que nous venons de signaler. Nous appelons ici dogmatisme intellectualiste, par opposition au dogmatisme empirique, toute doctrine d'après laquelle d'une part la réalité en soi est non pas le *sensible* mais l'*intelligible* ; et d'après laquelle d'autre part c'est par l'intelligence, et non par les sens, que nous atteignons et que nous connaissons cette réalité. Si dans la manière de concevoir l'intelligible et de se représenter son rapport avec le sensible il y a des divergences considérables, nous n'avons pas besoin pour le moment de nous en inquiéter. Supposons quelqu'un pour qui l'intelligible est ceci ou cela, soit le concept platonicien dont le contenu est complexe et formé d'éléments divers, soit l'idée claire de Descartes dont le contenu est simple et homogène. S'il admet que ce qu'il appelle l'intelligible est la réalité en soi, et si l'on vient lui dire qu'il n'en est rien et que son intelligible par exemple est une pure abstraction, tout naturellement encore on lui apparaîtra comme niant la réalité ; car on nie en effet la réalité telle qu'il la conçoit.

Du point de vue du dogmatisme empirique tout intellectualisme, si réaliste qu'il soit du reste, apparaît comme un idéalisme. Mais en même temps aussi du point de vue de chaque forme d'intellectualisme apparaissent également comme idéalistes toutes les formes. Pour un partisan de la philosophie des concepts un cartésien est un idéaliste, et réciproquement. C'est donc vraiment le cas de dire qu'on est toujours plus ou moins l'idéaliste de quelqu'un. Chaque fois qu'on fait la critique d'une conception de la réalité, on est considéré comme tel par ceux qui sont attachés à cette conception : on leur nie en effet et on leur enlève leur réalité. — C'est ainsi que les adorateurs d'idoles traitent d'impies ceux qui n'adorent pas avec eux. — Et ceux-là ne peuvent juger autrement tant qu'ils s'en réfèrent uniquement à leur manière de voir : car ils veulent tout naturellement, comme dit S. Augustin, que ce qu'ils aiment soit la vérité.

Il faut donc se défier des accusations d'idéalisme, parce que ceux qui les formulent sont exposés à prendre pour négations de la réalité, ce qui n'est qu'une autre manière que la leur d'en concevoir la nature. Et c'est en effet ce qui arrive. Mais quand on rejette une conception pour en admettre une autre on ne mérite cependant pas d'être rangé parmi ceux qui nient la réalité.

Ce qui est vrai, c'est qu'il y a en présence des conceptions diverses de la réalité. Celle de Descartes n'est pas celle de Platon ou d'Aristote ; celle de Leibnitz n'est pas celle de Descartes, etc. Mais ni Platon, ni Aristote, ni Descartes, ni Leibnitz n'ont prétendu, en substituant leur conception à celle des autres, nier l'existence en soi de la réalité. C'est tout le contraire ; ils ont prétendu l'affirmer plus solidement. Et, quoi qu'on en pense dans les *Manuels de philosophie*, il en faut dire autant de Berkeley, de Kant, de Fichte [1]. Les uns et les autres se sont également évertués à ne pas prendre du phénomène pour de l'être ; et finalement les uns et les autres, bien qu'avec des méthodes très diverses, ont abouti à se faire une conception de la réalité en soi et à l'affirmer.

Si donc on veut donner au mot idéalisme un sens précis et fixe, il faut désigner par là, non pas des doctrines qui nient l'existence en soi de la réalité, mais des doctrines selon lesquelles la réalité en soi s'identifie avec les idées, ou est de même nature qu'elles. Et à ce point de vue la doctrine de Platon, tout le réalisme du moyen âge, de même que la doctrine de Descartes et de Malebranche, et à plus forte raison celle de Spinoza, pourraient être appelées des idéalismes. Ce sont, il est vrai, des idéalismes fort différents les uns des autres : car l'idée claire qui, selon Descartes et Malebranche par exemple, nous fait connaître la nature de la réalité, n'est pas du tout la même chose que l'idée de Platon ou le concept d'Aristote. C'est une remarque que nous avons déjà faite. Et, toujours au même point de vue, la doctrine de Leibnitz au contraire, ainsi que celles de Berkeley, de Kant ou de Fichte, sont également le contraire de l'idéalisme, puisque, d'après ces doctrines, malgré tou-

---

1. Il ne s'agit ici ni de la valeur de leur méthode, ni de la valeur de leurs conceptions. Nous signalons seulement leur intention qui les distingue profondément des sceptiques et des phénoménistes. C'est ce que ne voient pas ceux qui s'obstinent à ne toujours considérer qu'objectivement les systèmes et qui par suite en méconnaissent toujours le véritable esprit et le véritable sens. Pour bien comprendre un système c'est l'intention qu'il en faut d'abord chercher.

tes leurs différences, la réalité en soi ne s'identifie en aucune façon avec les idées, qui sont considérées comme des abstractions ou même simplement comme des noms. Ce qui en particulier caractérise nettement la philosophie critique, c'est d'avoir essayé d'établir qu'il n'y a pour ainsi dire rien de commun entre ce qui est objet de pensée et ce qui est réel en soi. C'est donc exactement la contre-partie de l'idéalisme.

*
* *

Et rien ne montre mieux, semble-t-il, la nécessité de distinguer, comme nous l'avons fait, la question de la *nature* des choses et la question de leur *existence*. Mais en même temps n'apparaît-il pas aussi que ces deux questions cependant ne peuvent se séparer? Affirmer en effet ou nier une existence, c'est faire porter son affirmation ou sa négation sur une nature plus ou moins déterminée. Et d'autre part affirmer ou nier une nature, c'est dire que cette nature existe ou n'existe pas en soi. Affirmer l'étendue par exemple, c'est dire avec Descartes que l'étendue est une réalité en soi. Nier l'étendue au contraire c'est dire avec Leibnitz qu'elle n'est qu'un rapport ou avec Kant qu'elle n'est qu'une forme de la sensibilité. L'erreur dans cet ordre de choses consiste donc à affirmer du phénomène comme de l'être ou à nier de l'être pour le considérer comme du phénomène. Dans toutes les discussions entre sceptiques et dogmatiques, entre idéalistes et réalistes c'est de l'être qu'il s'agit. Mais ce qui est directement en question c'est pour les uns l'*existence* en soi de l'être, tandis que pour les autres ce qui est directement en question c'est la *nature* de l'être. Mais on ne peut pas affirmer l'être sans le connaître et sans savoir ce qu'on affirme ; et on ne peut pas non plus le connaître sans l'affirmer : car le connaître, en avoir l'idée, et ne pas l'affirmer ce serait en faire du phénomène, ce serait le méconnaître.

Aussi les sceptiques qui se refusent à affirmer l'être en donnent-ils pour raison qu'ils ne le connaissent point. Et toutes leurs critiques ont en définitive pour objet de montrer que ce qu'on affirme comme de l'être, ce n'est rien de plus que du phénomène. La preuve selon eux qu'il n'y a pas d'être, pas de réalité en soi, ou au moins — ce qui pour nous revient au même — que nous n'en connaissons rien, c'est le fait de la mésintelligence qui règne entre les hommes, et le fait de l'instabilité de nos affirmations. Si nos affirmations s'appuyaient sur du réel, ceci, disent-ils, n'arriverait pas. Par les arguments logiques que les sceptiques ajoutent à cette constatation, ils cherchent tout simplement à établir que le fait est une loi inéluctable, et que nous sommes condamnés à nous mouvoir dans un monde d'apparences sans pouvoir en sortir. Il se trouve ainsi, et c'est sans doute assez singulier, qu'eux aussi ont une doctrine. Et la conclusion pratique qu'ils en tirent c'est que pour être en paix avec soi-même et avec les autres il faut s'abstenir d'affirmer et rester chacun dans le monde de ses apparences, sans faire pour en sortir des efforts reconnus inutiles.

Et il ne sert de rien ici d'objecter les axiomes, les vérités universelles et immuables qui s'imposent à tous à la fois et à chacun en tout temps : car ce ne sont là que des abstractions. Les axiomes, les vérités universelles et immuables, comme les vérités mathématiques, sont tout simplement des rapports. Ce n'est pas là ce qui est en question. Ce qui est en question c'est l'existence et la nature de l'être. Les sceptiques n'ont pas ignoré qu'il y a des axiomes, des vérités universelles et immuables pour l'esprit humain. Mais ne sont-ce pas là aussi des apparences et des relativités? Et en tout cas les axiomes et les vérités universelles et immuables ne sont pas des réalités en soi. Qu'importe qu'une mathématique, qu'une logique, qu'une systématisation de nos idées soient possibles si par là nous n'avons ni connaissance ni certitude sur le fond des choses? Or c'est quand il s'agit du fond des choses et par suite quand il s'agit du sens et de la valeur de notre vie, que les indécisions, les oppositions, les contradictions se produisent, malgré tous les axiomes, malgré toutes les vérités universelles et immuables.

.•.

La question, l'unique question, celle qui est impliquée

dans toutes les autres et qui les domine, c'est la question de l'être. Comment connaissons-nous l'être et comment l'affirmons-nous ? Et remarquons-le bien, ce n'est pas là non plus une question spéculative ; c'est la question pratique par excellence. Affirmer l'être ou ne pas l'affirmer, l'affirmer avec vérité ou l'affirmer en se trompant constituent des états d'âme absolument différents, des attitudes absolument opposées. Et qui que nous soyons, nous avons beau faire, nous prenons toujours au fond de nous-mêmes l'une ou l'autre de ces attitudes.

Ne pas affirmer l'être c'est être sceptique. Affirmer l'être au contraire c'est être dogmatique. Mais en affirmant l'être on peut se tromper, on peut s'illusionner. C'est alors un dogmatisme illusoire qui, par essence, est fragile comme les illusions sur lesquelles il repose. Quand on ne se trompe pas c'est un dogmatisme vrai, stable et ferme comme l'être qui lui sert de fondement.

Celui qui affirme l'être a l'intention de se poser dans l'être, d'en prendre possession pour ainsi dire et de s'y fixer afin d'être pleinement et sûrement, afin d'échapper aux fluctuations des phénomènes, de ne pas s'écouler et de ne pas s'évanouir avec eux. L'affirmation de l'être à son plus haut degré, celle qui s'effectue au-dessus de toute illusion, en pleine vérité, c'est le salut, c'est la délivrance, c'est la réalisation de la liberté parfaite. Et qu'est-ce en effet qu'être sauvé, qu'être délivré, qu'être libre ? C'est ne plus avoir à subir ni à craindre les changements qui surviennent temporellement dans les phénomènes ; c'est être au-dessus de toutes les atteintes du dehors, attaché à l'immuable et partageant son immutabilité. En ce monde, ce que nous avons à faire, c'est de préparer, d'ébaucher, de perfectionner sans cesse l'affirmation de l'être en la purifiant des illusions et des attachements aux phénomènes.

Mais toutes les fois qu'on s'attaque à des illusions on est exposé à être considéré comme un négateur impie par ceux qui les subissent ou qui les aiment. C'est une épreuve douloureuse à laquelle, comme à toutes les épreuves, il faut savoir se résigner. Et si l'on en souffre, il importe pour soi-même et pour les autres, il importe pour le bien et pour la vérité que ce soit généreusement, sans aigreur et sans rancune. On ne ferme pas son cœur et son âme pour si peu.

Le dogmatisme illusoire prend des formes très diverses et constitue toutes les idolâtries dans lesquelles l'humanité peut tomber, depuis celle des fétichistes jusqu'à celles des savants, des esthètes et des philosophes qui aspirent au salut les uns par la science, les autres par l'art, les autres par la pensée. Tous sont des croyants à leur manière, et ils croient chacun à ce qu'ils aiment, car on ne croit toujours sincèrement qu'à ce qu'on aime. Et croire à une chose c'est vouloir être et vouloir vivre par elle. Mais sous les formes diverses du dogmatisme illusoire il y a toujours, ostensible ou plus ou moins dissimulée, la prétention de se suffire à soi-même pour être : car tout en voulant être par autre chose, comme par exemple la richesse, le pouvoir, le plaisir, la science, on prétend s'en emparer par ses propres forces ou par son habileté. A ce point de vue qu'on essaie d'aboutir par des procédés magiques ou scientifiques ou dialectiques ou autres du même genre, l'attitude n'en reste pas moins la même. A ce dogmatisme là qui implique toujours une méconnaissance de la nature de l'être et qui en fait une chose ou une idée dont on s'empare du dehors, il s'agit de substituer un dogmatisme vrai qui saisisse et qui affirme l'être dans sa réalité concrète, intérieure et vivante.

Ce que nous voulons montrer c'est qu'on ne peut y arriver que par des procédés moraux. Toutefois ces procédés moraux n'excluent pas du tout, et tant s'en faut ! les procédés logiques. Mais ils les dominent en les englobant. La logique est un instrument au service de la moralité.

Il s'agit d'affirmer l'être sans illusion, sans méconnaître sa nature. Mais comment arrive-t-il qu'on ne l'affirme pas, qu'on n'y croit pas ? et comment arrive-t-il aussi qu'on s'illusionne en y croyant ?

II

Le scepticisme et le dogmatisme illusoire.

Selon les sceptiques, croire à l'être et l'affirmer, c'est toujours être dupe d'une illusion ; c'est attribuer de la réalité à un rêve, de la solidité à une ombre et de la fixité à ce qui passe, parce qu'on s'y plaît et qu'on l'aime. Chacun affirme d'après ce qu'il pense. Or chacun pense d'après sa manière d'être du moment et de son point de vue particulier. C'est ainsi que les habitants de chaque planète — s'il est des habitants sur chaque planète — voient le soleil tourner autour d'eux. Les uns disent : le soleil tourne autour de la terre ; les autres : le soleil tourne autour de Neptune, etc. Il en résulte que les croyances et les affirmations de chacun se heurtent les unes aux autres et se nient réciproquement.

On ne peut pas contester qu'il y ait des heurts et des négations de ce genre : ce sont des faits qui pour ainsi dire remplissent le monde.

Et, toujours selon les sceptiques, il n'y a pas d'autres moyens de les éviter et en les évitant de ne plus être dupe, que de ne pas croire et de ne pas affirmer. Que chacun se contente des apparences qui flottent devant lui en les prenant pour ce qu'elles valent ; qu'il s'y amuse comme bon lui semble : à en faire la science, à en goûter la beauté, à en savourer les plaisirs ; mais qu'il n'ait pas la fatuité et la présomption en les affirmant de vouloir les imposer aux autres. Personne n'a le droit de dire : cela est ; mais simplement : cela m'apparaît. Si vos apparences concordent avec les miennes, tant mieux ! Si elles ne concordent pas nous n'y pouvons rien : car chacun est forcé, comme on dit, de rester dans sa peau. Toutes les doctrines sont des affirmations propres à certaines individualités et par conséquent toujours relatives. Le sage n'affirme rien, et ainsi il évite tout conflit avec lui-même et avec les autres.

Dans cette façon de parler se trouve impliquée ce que nous pouvons appeler un dogmatisme égoïstique. Les sceptiques supposent qu'à tout moment nous sommes absolument fixés dans une manière d'être et par suite dans une manière de penser. Mais voilà justement ce qu'il faut leur contester. Au fond ils voudraient pouvoir s'affirmer eux-mêmes avec ce qu'ils sont et ce qu'ils pensent, sans tenir compte des affirmations contraires qui se produisent à côté d'eux et qui retentissent en eux. Or il n'est pas vrai qu'en face de toute affirmation qui en nous retentit du dehors nous ne puissions que la méconnaître et la rejeter, enfoncés que nous serions en nous-mêmes et incapables d'en sortir pour nous placer à un autre point de vue. Et qu'on ne dise pas que pour les sceptiques, s'ils sont vraiment sceptiques, il n'y a pas d'affirmations qui retentissent ainsi en eux du dehors et qu'en l'admettant on suppose ce qui pour eux est en question. J'appelle en ce moment affirmations venant du dehors toutes les affirmations, quelles qu'elles soient, qui, dans une conscience donnée, tout en retentissant en elle, ne viennent pas d'elle. Il n'est point de sceptiques ni d'idéalistes, au sens qu'on voudrait donner à ce mot, qui puissent prétendre ne pas rencontrer de telles affirmations.

Dès lors que nous sommes capables de dire : moi, une dualité est en nous au cœur même de notre être. « Moi » ce n'est pas une idée abstraite et vide ; ce n'est pas non plus quelque chose de figé et de mort, l'unité nue et l'identité nue de certains spiritualistes. « Moi » c'est une multiplicité vivante organisée et unifiée par l'affirmation plus ou moins consciente d'une conception des choses et dans la poursuite d'une fin. Mais en moi-même, et comme contribuant à constituer ma complexité intérieure, apparaissent d'autres affirmations qui viennent confirmer la mienne quand elles s'accordent avec elle, ou l'infirmer quand elles s'y opposent.

On ne préjuge donc rien en parlant ainsi du moi et du non-moi. C'est une distinction qui se fait dans la conscience même. Et il reste à savoir ce que vaut l'affirmation par laquelle chacun de nous se pose en disant : moi, et ce que valent en même temps les affirmations qui se posent en nous et qui au moins nous semblent étrangères.

*
* *

En face de ces affirmations qui retentissent en nous, et qui même en nous sont autre chose que nous, nous avons le choix entre deux attitudes.

Nous pouvons d'abord les nier. Et les nier ce n'est pas

les supprimer dans notre expérience ; mais c'est dire qu'elles sont sans consistance, sans réalité et comme des rêves. C'est se refuser à rien recevoir d'elles, et se refuser aussi à rien leur accorder. Mû par l'instinct de conservation, on s'oppose à elles, tantôt par simple inertie en se faisant impénétrable comme la matière, tantôt avec violence en les repoussant comme on repousse des ennemis. Et ce sont là des ennemis en effet qui cherchent à envahir la place et qui en pénétrant en nous nous feraient sortir de nous-mêmes, c'est-à-dire changeraient notre manière d'être et par suite notre manière de penser.

Mais nous pouvons aussi les accepter ou au moins leur faire crédit, de façon à nous contrôler par elles et à nous mettre en quelque sorte à l'épreuve par leur contact. Quand j'accueille des affirmations contraires à la mienne je me soumets à leur jugement, je reconnais que je puis avoir à me modifier intérieurement et je fais ce qui dépend de moi pour m'accorder avec elles. C'est là ce que j'appelle sortir de soi.

Si la première attitude était seule possible les sceptiques auraient raison ; et c'est précisément parce qu'ils la prennent qu'ils sont sceptiques. Ils s'enferment obstinément en eux-mêmes et dès lors inévitablement il leur apparaît que la diversité des affirmations est irréductible. Ils ressemblent à ces retardataires qui s'entêtent à considérer la terre comme le centre du système solaire et qui, incapables de se placer à un autre point de vue pour se représenter le mouvement des astres, ne comprennent rien à ceux qui disent que la terre tourne autour du soleil. Pour eux dans ces conditions il ne saurait en effet y avoir de vérité, c'est-à-dire de centre de perspective où toutes les affirmations, consolidées et confirmées les unes par les autres, puissent se rencontrer et s'unir comme dans une seule affirmation.

Mais si au lieu de se fermer on s'ouvre, si au lieu de se fixer dans son point de vue on n'a pas peur de se mouvoir, de marcher, de monter, la diversité des affirmations cesse par le fait même d'apparaître irréductible. En s'accueillant les unes les autres, en se modifiant les unes par les autres, elles peuvent se concilier, s'harmoniser, fusionner dans la vérité. Mais pour cela il faut qu'elles soient sincères et vivantes, qu'elles ne restent pas immobiles et inertes comme des notions abstraites, définies et posées une fois pour toutes. La vérité n'est pas dans la mort, elle est dans la vie.

⁂

Pour aller à la vérité nous avons donc à nous mouvoir du dedans, afin de nous transformer et de nous dépasser. Or c'est en se critiquant qu'on se transforme et qu'on se dépasse.

La vraie critique est un examen de conscience intellectuel et moral. C'est sur soi, sur sa manière d'être et de penser, sur ses intentions ultimes qu'on la fait porter. Elle est totalement distincte de la fausse critique par laquelle, content et sûr de soi, du haut de sa manière d'être et de sa manière de penser, on se fait juge de toutes choses, sans même soupçonner qu'il pourrait y avoir profit pour soi à changer de point de vue, et qu'en tout cas ce serait faire acte de charité envers les autres.

Par la vraie critique on est toujours disposé à douter de soi, à se défier de soi pour ne pas faire obstacle à l'avènement de la vérité. Par la fausse critique on doute de tout, on se défie de tout, excepté de soi. L'une est analogue à l'examen de conscience du publicain; l'autre ressemble à l'examen de conscience du pharisien. C'est lui-même que le publicain examine; et en se voyant tel qu'il est et en se condamnant il s'élève au-dessus de sa misère.

Le pharisien au contraire examine les autres, et en les condamnant pour se justifier, il s'enfonce dans son aveuglement : il est doublement misérable.

Une remarque ici devient intéressante à faire, c'est que le scepticisme des esprits forts et le dogmatisme béotien des esprits fanatiques et bornés ont leur racine dans une même disposition intérieure, à savoir : le contentement de soi, la conviction avouée ou secrète, mais toujours dirigeante, qu'on est le centre des choses et qu'on a autant de vérité qu'il est possible d'en avoir. Les sceptiques disent qu'ils n'en ont pas du tout et que d'en avoir est impossible ; les autres s'imaginent qu'ils la possèdent tout entière. Mais pratiquement cela revient au même, et c'est le cas de dire que les extrêmes se touchent.

On doit, après ce que nous venons de dire, commencer à voir avec assez de netteté quel est au principe même de la connaissance, le rôle moral de la volonté. Pour grandir dans la vérité il faut se dégager de sa manière d'être, de même qu'il faut monter pour élargir son horizon. Il ne suffit pas d'avoir les yeux ouverts et de regarder, il faut agir, il faut se mouvoir, se déplacer ; il faut sortir de soi.

* *

Par cette expression : sortir de soi, il ne faut pas entendre tout d'abord une prise de possession de la réalité étrangère à soi, un acte atteignant l'être au dehors ; mais il faut entendre un dégagement de sa manière d'être pour se constituer dans une manière d'être supérieure. Il se trouve ainsi sans doute, et c'est ce que nous verrons plus tard, qu'en se dégageant de soi-même et qu'en se renonçant on atteint en effet au dehors l'être en soi ; mais c'est à titre de conséquence et même en quelque sorte parce qu'on n'y visait pas. Pour atteindre l'être au dehors ce ne sont pas des résistances extérieures que nous avons à vaincre ; ce sont des résistances intérieures, les résistances de l'égoïsme qui perd tout en voulant tout ramener à lui et qui, en considérant tout de son point de vue, reste enfoncé en lui-même comme dans un trou sans lumière.

La connaissance de l'être ne nous vient pas par le dehors. Pour connaître l'être au dehors il faut commencer par le connaître en soi-même. C'est par la connaissance de l'être en nous que nous pouvons avoir la connaissance de l'être extérieur à nous. La connaissance que nous avons du dehors est relative à la connaissance que nous avons de nous-mêmes ; et la connaissance que nous avons de nous-mêmes est relative à ce que nous sommes. Et nous sommes ce que nous voulons être.

Non pas qu'il faille l'entendre en ce sens que nous nous créons nous-mêmes. A vrai dire nous ne créons absolument rien. Et à supposer que nous puissions vouloir ne pas être nous n'en subirions pas moins l'être. Mais néanmoins ce que nous sommes dépend de nous, parce qu'il dépend de nous de choisir la fin qui donne un sens à notre existence. En réalité dans notre vie voulue et réfléchie nous sommes par ce à quoi nous nous attachons, par ce que nous aimons. C'est ce que nous aimons qui nous détermine et j'ose dire même qui nous constitue à nos propres yeux. Et il faut bien qu'il en soit ainsi : autrement ne s'expliquerait pas la diversité des idées que nous avons sur notre propre nature. Si, comme l'ont supposé les spiritualistes de notre siècle, nous nous connaissions dans la fixité d'une nature donnée, il ne se produirait pas d'oppositions sur ce point et il ne pourrait y avoir ni matérialistes, ni sceptiques, ni phénoménistes.

Quand donc nous disons que notre connaissance de l'être est relative à ce que nous sommes, il ne s'agit pas de ce que nous sommes indépendamment de nous dans notre fond premier et inconscient, mais il s'agit de ce que nous sommes par volonté et librement dans notre vie morale. Si ce n'était pas de nous-mêmes que nous tirons la conception que nous avons relativement à l'être, d'où, comme dit Leibnitz, pourions nous la tirer? Mais de ce point de vue n'apparaît-il pas nettement que les conceptions métaphysiques sont tout d'abord et essentiellement des états d'âme? Voilà ce qu'il importe enfin de ne plus méconnaître. Et c'est malheureusement ce qu'on méconnaît toujours, en les considérant abstraitement comme des choses qui subsisteraient en elles-mêmes et que l'esprit trouverait toutes faites.

Personne mieux que S. Augustin n'a compris et signalé la relation que nous essayons de faire constater. C'est en un sens tout l'objet du livre des Confessions, livre unique où la pensée reste toujours pleine de vie et de réalité. On y voit comment la connaissance se transforme et trouve l'être, à mesure que la volonté se purifie en se dégageant de l'amour des apparences vaines. A la période d'attachement au plaisir correspond une conception matérialiste. « Je ne pouvais, dit S. Augustin, concevoir d'autre réalité que celle qui se voit par les yeux ». Dieu était pour lui une forme humaine ou une substance qui remplit l'espace. « Je m'ignorais moi-même », dit-il encore, et il se concevait lui aussi comme quelque chose d'étendu [1]. Puis vient la période critique, période d'oscillations et d'incertitudes. Ce qu'il avait aimé, ce qu'il avait cru, ce par quoi il avait voulu se constituer dans l'être lui semble enfin vide et inconsistant. Il se met alors à chercher autre chose, quelque chose que déjà sans doute il a trouvé dans une certaine mesure, mais que tout d'abord il n'est pas en état de reconnaître parce qu'il reste encore attaché aux vanités qui l'ont séduit. Et peu à peu, il se transforme avec le concours de sa libre générosité ; de matière qu'il était il devient esprit à ses propres yeux, en même temps que Dieu le devient également. Et sa connaissance de lui-même et de Dieu est pleinement lumineuse et rassasiante quand il arrive à se voir lui-même en Dieu intérieurement et à voir Dieu en lui. *Noverim te, noverim me.*

.·.

Les sceptiques nient l'être. Mais aussi de leur propre aveu ils sont dans un état de dissolution. Ils font appel à la critique pour se justifier de ne plus croire à l'être. Ils disent que ce qu'ils avaient pris d'abord pour de l'être, ils se sont aperçus ensuite que ce n'en était pas. Si l'on veut donner un sens précis au mot être, il faut en effet entendre par là ce qui est à la fois *un* et *permanent.* Mais n'est-il pas vrai qu'en nous comme autour de nous tout est multiple et fragmentaire, et qu'aussi tout change et tout passe ? Que trouvons-nous qui ne se désagrège pas et qui ne soit pas emporté par le temps qui s'écoule ? Les psychologues ont proclamé l'unité et l'identité du moi. Mais ce qu'ils trouvent au terme de leurs démonstrations est-ce autre chose qu'une unité et une identité abstraites ? Est-ce qu'en fait les éléments qui constituent le moi ne se dissocient pas incessam-

---

1. *Confessions,* lib. V, cap. X ; — lib. VII, cap. I.

ment, de telle sorte qu'incessamment aussi on devient autre que ce qu'on était jusqu'à ce qu'on s'évanouisse dans la mort ? Où donc est l'unité ? où donc est la permanence ? Ne faut-il pas se résigner à reconnaître, quoiqu'il puisse en coûter, que l'être est une chimère que nous rêvons en vain ? Et les sceptiques arrivent ainsi à se considérer eux-mêmes, et tout le reste avec eux, comme des agrégats et des successions de phénomènes sans lien et sans consistance.

Mais comment sont-ils ainsi dissous ? Si l'on veut bien y regarder de près on s'apercevra que ce n'est pas l'être qui leur manque et que ce sont eux au contraire qui manquent à l'être. « Où étais-je donc lorsque je vous cherchais ? dit S. Augustin en s'adressant à Dieu. Vous étiez devant moi ; mais je m'étais éloigné de moi-même, et je ne me trouvais pas et je vous trouvais moins encore »[1]. Si les sceptiques se rendent compte de la multiplicité indéfinie dans laquelle se dispersent les phénomènes et de la mobilité sans trêve dans laquelle ils s'écoulent, évidemment, bien que par un aveuglement plus ou moins volontaire ils ne s'en aperçoivent pas, c'est qu'ils en jugent d'après l'*unité* et la *permanence* de l'être. En réalité l'être ne leur est pas inconnu, mais ils le méconnaissent. Ce n'est que par opposition à l'être qui est un et qui demeure qu'ils peuvent nommer le phénomène qui est multiple et qui passe. Et si en nommant le phénomène ils méconnaissent l'être, c'est qu'en fait ils restent attachés au phénomène. Ils déclarent le phénomène vide et inconsistant ; mais ils continuent de vouloir en vivre. Et ainsi ils se dispersent avec lui dans l'espace et ils s'écoulent avec lui dans le temps. En cherchant à se contenter du phénomène ils donnent pour raison qu'il n'y a pas autre chose. Et ils se croient fort avisés en prétendant éviter la duperie dans laquelle selon eux tombent les autres hommes. Cependant, puisqu'ils reconnaissent la vanité du phénomène, ils devraient au contraire s'en déprendre. Et ils s'apercevraient vite sans doute que s'en déprendre c'est se recueillir dans la dispersion de l'espace et du temps et se constituer par

---

[1]. *Confessions*, lib. V, cap. II.

le fait même dans l'unité et la permanence de l'être. Mais en aimant ce qui est vain, tout en le jugeant tel, inévitablement ils sont vains eux-mêmes. C'est leur châtiment.

*
* *

Le dogmatisme illusoire, comme le scepticisme, résulte aussi d'un attachement au phénomène et au relatif; mais avec cette différence que le phénomène y est pris pour de l'être et le relatif pour de l'absolu. Ce dogmatisme là pour quiconque en a fait la critique apparaît comme une naïveté et un sommeil de l'esprit.

Sous sa forme empirique il consiste à croire que c'est par les sensations que nous atteignons l'être et que nous en connaissons la nature. Sous sa forme idéaliste c'est aux idées comme telles qu'il attribue une valeur ontologique. Mais dans un cas comme dans l'autre, et c'est là ce qui est caractéristique, on prend pour de l'être ce qu'en langage kantien on appelle un *objet*, soit un objet senti, soit un objet pensé.

Pour faire comprendre la portée de cette critique, disons tout de suite que selon nous l'être est toujours un *sujet*. Et cela ne signifie pas qu'il n'y a qu'un sujet pour qui tout le reste ne serait que phénomène. Ce serait là ce qu'il conviendrait d'appeler le subjectivisme. Mais cela signifie que l'être qui est toujours un sujet, ne peut être atteint ni par la sensation, ni par la pensée proprement dite. En effet ce qui est senti, comme tel, ce sont des états d'âme ; et ce qui est pensé, comme tel, c'est de l'abstrait ou du général. Et la question est de savoir comment chacun se connaît et s'affirme comme sujet et comme être, et comment chacun connaît et affirme d'autres sujets, c'est-à-dire d'autres êtres.

Toutefois en disant que ce qui est senti ce sont des états d'âmes, et que ce qui est pensé c'est de l'abstrait ou du général, nous ne voulons nullement insinuer que les sensations et les pensées ne sont que de pures fantasmagories sans rapport avec la réalité. Mais, contrairement à ceux que nous appelons d'une part les empiristes et d'autre part les idéalistes, nous disons que ce n'est ni par la sensation ni par la pensée comme telles que l'être nous est donné. Si en effet par la sensation ou par la pensée, ainsi que souvent on a l'air de le supposer, nous étions comme envahis par une réalité extérieure, on ne s'expliquerait pas qu'il pût y avoir des erreurs et des illusions. Si nos sensations et nos idées étaient un décalque de la réalité en nous, chacun devrait avoir les mêmes sensations et les mêmes idées. On invoque sans cesse contre l'empirisme la relativité des sensations. Mais le même argument peut être invoqué contre l'idéalisme : car les idées de chacun sont aussi relatives à ce qu'il est; et nous savons bien que plus ou moins chacun a les siennes. Et évidemment il n'en serait pas ainsi si elles s'implantaient en nous du dehors. C'est donc que du dedans nous mettons nous-mêmes ce qu'il y a dans nos idées. Et s'exprimer ainsi ce n'est pas détacher la pensée de la réalité ; c'est dire au contraire qu'elle s'alimente dans la réalité, mais dans la réalité vivante et intérieure. Nous ne prétendons pas en effet que nous avons le droit de mettre dans nos idées ce que nous voulons, à tort et à travers et comme bon nous semble. Nous avons à y mettre la vérité de notre vie et de notre attitude. Et si nous ne le faisons pas dans la mesure où nous le pouvons, nous en sommes responsables. Nous avons dit que nos idées valent ce que nous valons ; mais nous pouvons dire aussi que nous valons ce que valent nos idées.

Il est vrai que souvent nous avons des idées d'emprunt. C'est ce que Spinoza appelle la connaissance par ouï-dire. Mais tant qu'elles sont des idées d'emprunt, ce sont plutôt des mots que des idées. Le psittacisme joue un rôle considérable. On ne l'a pas encore assez remarqué. Pour que des idées soient nôtres et pour que ce soient vraiment des idées, il faut les avoir vécues. Autrement elles sont comme des cadres qui restent vides.

Puisque c'est du dedans que nous mettons ce qu'il y a en elles, nous mettons en elles ce qu'il y a en nous. Et quand je dis ce qu'il y a en nous, j'entends ce qu'il y a en nous par volonté et librement, c'est-à-dire dans notre vie morale. Quand il n'y a en nous par la fin à laquelle nous tendons, c'est-à-dire par ce que nous voulons et ce que nous aimons, rien autre chose que du phénomène, nos idées sont naturellement vides d'être et de réalité. Et si nous nous imaginons alors qu'elles sont pleines, nous sommes dans l'illusion. Quand il n'y a en nous, par notre attachement à nous-mêmes, rien autre chose que nous avec notre égoïsme, Dieu et les autres êtres sont des étrangers pour nous. Et en conséquence nous les méconnaissons. *Cognitum est in cognoscente,* disait-on dans l'Ecole, et on avait raison. Pour connaître vraiment et pleinement Dieu et les autres êtres il faut donc les trouver en soi. Mais pour les trouver en soi il faut s'ouvrir à eux et les laisser entrer. C'est ce que nous expliquerons plus loin.

．·．

En tout cas, même quand elles viennent de notre propre fond, nos idées ne peuvent toujours être que le substitut simplifié de notre expérience interne. Ce n'est donc pas par elles que la réalité vient en nous, mais c'est par nous au contraire, par notre action, en nous ouvrant, que la réalité vient en elles. Par elles nous prenons seulement conscience de nous-mêmes, et en fixant notre connaissance du moment nous devenons capables de l'exprimer pour aider les autres à la partager.

Ce qui caractérise le dogmatisme illusoire c'est donc d'attribuer, soit aux sensations, soit aux idées comme telles, une existence en soi ou de les considérer comme représentant adéquatement des existences en soi. Selon les uns il semble qu'il n'y a qu'à ouvrir les yeux du corps, selon les autres les yeux de l'esprit, pour saisir la réalité en elle-même et dans sa fixité. Mais le monde ainsi imaginé ou ainsi conçu, monde de sensations ou monde d'idées, n'est que la projection d'un état d'âme, d'une manière d'être et d'une manière de voir. En le posant et en l'affirmant comme une réalité en soi fixe et stable, c'est soi-même avec sa manière d'être et sa manière de voir qu'on pose et qu'on affirme. Et la preuve encore une fois c'est que le monde ainsi imaginé ou ainsi conçu n'est pas le même pour tous. Ces divergences sont un fait, et les sceptiques en ont triomphé assez bruyamment pour que nous n'ayons pas le droit de les méconnaître. On érige en absolu ce qu'on sent et ce qu'on pense, parce que tout naturellement, conformément à l'instinct de conservation, on se plaît dans sa manière d'être et qu'on ne veut pas changer. On prétend s'attacher à l'immuable ; mais en réalité c'est soi-même indûment dans sa chétive relativité qu'on tâche de rendre immuable par amour de soi.

Nous avons vu que les sceptiques ne croient à rien, parce qu'ils ramènent tout à eux, parce qu'ils mettent tout en eux, mais qu'en définitive ils ne font ainsi évanouir toutes choses devant leurs yeux que pour s'établir et dominer sur les ruines du monde. Il semble que celui qui est le jouet du dogmatisme illusoire prend une attitude toute contraire. Et en effet, au lieu de tout ramener à lui, ne se ramène-t-il pas lui-même à ce qu'il croit, c'est-à-dire à ce qu'il imagine comme de l'être en dehors de lui, afin d'y trouver un point d'appui et de s'y fixer ? Oui sans doute, mais l'être ainsi imaginé ou ainsi conçu n'est encore cependant que la projection de son propre état d'âme.

C'est lui-même avec ses désirs et avec ses passions que l'idolâtre adore dans ses idoles. C'est lui-même aussi, avec sa manière d'être et sa manière de penser, que le dogmatique dont nous parlons aime et pose dans les conceptions qu'il affirme et qu'il appelle la vérité. Et s'il parle de vérité c'est pour se donner à lui-même, en cherchant à la donner aux autres, l'illusion qu'il est ce qu'il doit être et qu'il en reçoit d'en haut la confirmation. On sait en effet, ou au moins on devrait savoir, que par exemple sous ce mot Dieu, ineffable et sacré, on a mis et l'on continue de mettre des conceptions souvent fort différentes les unes des autres. Le Dieu de l'Evangile n'est pas le Dieu de Platon ou d'Aristote ; celui de Descartes n'est pas celui de Leibnitz ; et le Dieu que certains brigands napolitains, d'après ce qu'on raconte, appellent à leur aide pour commettre un crime ne ressemble guère au Dieu de S. Vincent de Paul ou des autres saints.

Au fond, qui que nous soyons, nous courons tous sur ce point et toujours le même danger : nous voulons que ce que nous aimons soit le bien et que ce que nous pensons soit la vérité. Et en conséquence nous jugeons que tout doit changer pour se conformer à ce que nous aimons et à ce que nous pensons, sans que nous ayons à changer nous-mêmes. Et cette présomption se dissimule souvent sous les apparences les plus modestes. N'arrive-t-il pas que non seulement les plus fermés, mais aussi les plus sûrs d'eux-mêmes sont ceux qui s'affublent d'un nom d'école et qui prétendent humblement ne penser que par autrui ?

*
* *

Si c'est en nous-mêmes et dans ce que nous sommes que nous puisons notre connaissance de l'être, et si en même temps, au moins dans notre vie voulue et réfléchie, nous sommes ce que nous voulons être, il en résulte évidemment que nous avons la responsabilité de nos erreurs.

Mais il ne faut pas confondre l'erreur et l'ignorance. Nous naissons dans l'ignorance et comme enfoncés dans les ténèbres. Par notre égoïsme primitif et spontané, nous sommes comme dans un trou fermé à la lumière. Et de cela nous ne saurions être moralement responsables. Toutefois, et c'est fort intéressant à remarquer, nous en sommes responsables matériellement. Grâce en effet à cette ignorance primitive, nous commençons par prendre tout naturellement le phénomène et le relatif pour de l'être et de l'absolu ; nous nous y attachons ; nous cherchons à en vivre ; nous rêvons un plein épanouissement d'existence dans l'espace et dans le temps ; et de cette façon nous n'aboutissons toujours qu'à des déceptions. Mais aussi il se trouve que justement par ces déceptions nous sommes mis en demeure de nous dégager du phénomène et du relatif. C'est donc en découvrant ce que l'être n'est pas que nous arrivons à connaître ce qu'il est. Mais pour découvrir ce que l'être n'est pas, il faut déjà pour ainsi dire porter la vérité dans son regard ; selon une belle expression de Thaulère, il faut avoir Dieu dans l'œil de son âme.

L'erreur commence, et avec l'erreur la responsabilité quand, averti par des expériences intimes et révélatrices de ne plus chercher l'être au dehors dans l'espace et dans le temps, dans ce qui est multiple et dans ce qui passe, on ne se résigne pas à se replier sur soi pour le chercher au dedans. On est dans l'erreur et non plus seulement dans l'ignorance quand, à la lumière intérieure qui éclaire tout homme venant en ce monde, on a été à même de voir la vanité et la fragilité du phénomène et que néanmoins on l'affirme en s'y attachant et en voulant être par lui. L'erreur suppose un choix. Il n'y a donc d'erreur que par le libre arbitre. Les êtres inférieurs n'en sont point capables.

Mais l'ignorance, toutes les fois qu'on l'a dépassée et qu'on en est sorti, apparaît comme une erreur. Et en effet au moins dans cet ordre de choses l'ignorance est toujours une erreur matérielle. Ce n'est pas simplement un vide, une absence de connaissance, c'est une illusion à laquelle on adhère involontairement avant d'avoir pu réfléchir, comme on croit à la réalité sensible d'un mirage quand on est encore inexpérimenté. Et ce que nous avons à faire c'est précisément en vivant de nous délivrer des illusions de ce genre. Et ceux-là seuls s'en délivrent qui travaillent à mettre Dieu en eux-mêmes à leur place, c'est-à-dire ceux-là seuls qui travaillent à sortir d'eux-mêmes et de leur individualité égoïste, ceux-là seuls qui secouent leurs chaînes et qui s'échappent de la caverne, pour parler le langage de Platon, et dont la personnalité, au-dessus de l'espace et du temps, s'épanouit dans l'éternité.

Aucun homme sur la terre ne peut se vanter d'avoir achevé cette œuvre. Mais il faut distinguer ceux qui y travaillent d'avec ceux qui n'y travaillent pas, ou qui n'y travaillent plus. Pour ceux qui, sincèrement et sans relâche, s'efforcent de sortir d'eux-mêmes, de passer du phénomène à l'être, du multiple à l'un, du temps à l'éternité, en un mot de naître à la vie nouvelle, pour ceux-là on peut dire que ce qui reste en eux d'illusions, si considérable que ce soit, n'altère déjà plus le fond de leur être. Ils le subissent; ils ne l'acceptent pas. Et par conséquent tout en étant en eux, c'est déjà en dehors d'eux. Si l'occasion leur en était fournie ils s'en dépouilleraient comme d'un vêtement vieilli et usé.

Et ainsi, bien que la connaissance que chacun de nous a de l'être dépende de ce qu'il est, on ne peut pas juger de sa valeur morale par la valeur de sa connaissance. C'est qu'en effet dans ce que nous sommes à un moment donné il y a deux parts : une part qui est subie et une part qui est voulue. Toutefois il ne faudrait pas se représenter ces deux parts comme juxtaposées. Elles se pénètrent au contraire. Dans ce qui est subi et encore inconscient, et même jusque dans ce que nous repoussons, quelque chose est à demi-accepté, à demi-consenti, dont nous avons toujours à craindre d'être plus ou moins responsables. Et en même temps dans ce que nous voulons le plus consciemment, le plus librement, que ce soit pour le bien ou pour le mal, quelque chose aussi se mêle qui n'est pas voulu et qui est en nous sans nous.

Selon les milieux et les circonstances dans lesquelles nous nous trouvons, selon les expériences et les épreuves plus ou moins variées que nous traversons et qui nous mettent en demeure de réfléchir, selon les lumières que nous recevons de ceux qui nous ont précédés et qui nous entourent, la part de ce qui est subi dans notre manière d'être diminue à mesure que nous vivons. Bonne ou mauvaise elle devient peu à peu acceptée et consentie. Et c'est pourquoi on ne trouve plus excusable celui qui arrivé à l'âge d'homme continue d'agir et de penser en enfant.

Ce que nous sommes vraiment, ce qui est bien nous-mêmes, c'est ce que nous voulons être, c'est ce qu'il y a en nous de consenti. Et il est évident que c'est seulement dans la mesure où nous voulons être ce que nous sommes, que nous avons la responsabilité de ce que nous pensons. Or c'est justement là ce qui est toujours indéterminé. Mais néanmoins on peut considérer que ce qu'il y a en nous de consenti est incessamment en effort pour pénétrer et dominer le reste. C'est le levain qui travaille toute la masse. En ce sens, c'est le germe vivant de nos pensées ; et les pensées qui en nous ne sont pas informées par lui sont des pensées mortes.

* *
*

Beaucoup de docteurs du passé, grands par la sainteté et par la science — et ce sera vrai des docteurs de tous les temps — ont eu des opinions erronées que leur ont imposées l'époque, le milieu et les conditions particulières dans lesquelles s'est écoulée leur vie. C'est là une conséquence de la loi de solidarité qui lie chaque homme à ceux qui l'ont précédé et à ceux qui l'entourent. Mais comme par les dispositions de leur volonté ils étaient détachés d'eux-mêmes, prêts à sacrifier ce qu'ils découvriraient de relatif dans leur manière d'être et dans leur manière de penser, de telle sorte qu'ils restaient fixement orientés vers la vérité, on peut dire que moralement ils étaient délivrés des erreurs qu'ils professaient. Pour eux ce n'étaient pas des erreurs : ils n'y consentaient pas ; c'étaient des illusions qu'ils subissaient. Et, toujours selon la même loi de solidarité, en livrant aux autres hommes le fond de leur âme avec leur pensée, ils les ont fait participer à la vérité dont ils avaient vécu, et ils leur ont légué leur esprit pour lutter contre leurs propres erreurs.

Voilà pourquoi et comment, s'ils peuvent et s'ils doivent être pour nous des guides, c'est moins par ce qu'ils ont pensé que par ce qu'ils ont voulu penser. C'est leur attitude que nous avons à imiter. Ce n'est pas à ce qu'ils ont dit qu'il faut nous attacher ; c'est à l'esprit qui les a animés et qui nous fera, non pas répéter, mais redire pour notre compte ce qu'ils ont dit avec vérité, et rectifier ce qu'ils rectifieraient s'ils vivaient à notre place [1]. Ils ont pensé sans doute aussi bien qu'humainement ils le pouvaient faire avec les moyens dont ils disposaient. En cela consiste leur gran-

---

[1]. « Qu'y a-t-il de plus injuste que de traiter nos anciens avec plus de retenue qu'ils n'ont fait pour ceux qui les ont précédés, et d'avoir pour eux ce respect inviolable qu'ils n'ont mérité de nous que parce qu'ils n'en ont pas eu un pareil pour ceux qui ont eu sur eux le même avantage ? » Pascal.

deur. Même avec des illusions ils étaient dans la vérité ; ou plutôt la vérité était en eux, au cœur même de leur vie, acceptée, voulue et aimée. Aussi ce qui les caractérise c'est qu'ils ont toujours été en progrès sur eux-mêmes. Et à ce point de vue il semble que la vérité explicite qui se trouve dans la vie réfléchie, doive toujours plus ou moins retarder sur la vérité implicite qui se trouve dans l'attitude franche et dans les bonnes dispositions de la volonté.

Toutefois s'il ne faut pas admettre, avec le déterminisme intellectualiste, que notre manière d'être et d'agir dépend de notre manière de penser, et que notre manière de penser nous est imposée par le dehors, soit par un dehors sensible (Empirisme), soit par un dehors intelligible (Idéalisme), il ne faudrait pas croire non plus que la pensée n'est qu'un reflet inefficace qui s'ajoute après coup à notre manière d'être. Nous n'agissons point à part de la pensée, et nous ne pensons point à part de l'action. Vivre pour nous c'est à la fois agir et penser. Nous agissons en pensant et nous pensons en agissant. La pensée vient de la vie et, bonne ou mauvaise, retourne à la vie pour la promouvoir dans un sens ou dans l'autre. Celui qui agit mal, pense mal, et pensant mal il agit mal encore. De même en est-il de celui qui agissant bien pense bien [1].

1. Dans le compte rendu, bienveillant du reste et dont nous le remercions (*Année philosophique*, 1897), que M. Pillon a fait de notre brochure *Le Problème religieux*, il nous reproche d'avoir séparé la connaissance de la croyance, c'est-à-dire la pensée de l'action et d'avoir admis « une sphère de l'intelligence pure où ne pénétrerait plus rien de moral ». Nous reconnaissons qu'il y a un passage dans la première partie qui semble justifier ce reproche. C'est qu'en l'écrivant nous étions préoccupé de marquer aussi fortement que possible le rôle de la volonté dans la croyance, et de montrer que l'acte de foi échappe au déterminisme intellectualiste. Mais c'est en quelque sorte provisoirement et pour mettre en relief une vérité oubliée ou méconnue que nous nous sommes exprimé tout d'abord comme nous l'avons fait. Quand on envisage la croyance par rapport à la connaissance il faut bien dire qu'elle en est indépendante puisque la connaissance ne l'engendre pas.

Mais — et c'est ce que nous avons dit dans la deuxième partie — « il faut envisager les choses autrement. Quand on pense par soi-même c'est sa propre vie qu'on pense. A vrai dire toute solution spéculative n'est qu'une solution pratique exprimée abstraitement et dont les éléments analysés sont fixés dans des concepts et systématisés logiquement. C'est cette analyse et cette systématisation qui constituent la science. La science ne

Personne cependant n'est enchaîné par son action. Mais si celui qui agit bien peut, en s'en attribuant tout le mérite, croire qu'il se suffit à lui-même et en perdre ainsi le bénéfice, chaque progrès qu'il fait néanmoins le consolide intérieurement dans l'attitude qu'il a prise et le confirme dans la vérité. Tandis qu'au contraire celui qui agit mal, malgré les succès extérieurs que souvent il obtient, trouve à chaque instant en lui-même par l'amertume, l'inquiétude et le trouble qu'il éprouve, comme un châtiment incessant qui l'ébranle dans sa manière d'être et dans sa manière de penser. Ce châtiment toutefois n'a d'efficacité pour lui que par l'accueil qu'il lui fait. Et cet accueil, d'où peut résulter une orientation nouvelle, est encore une action. Tant il est vrai qu'en nous la pensée dépend de ce que nous sommes et est liée à ce que nous faisons !

*
* *

En conséquence, et c'est bien là ce qui résulte de tout ce que nous venons de dire, notre connaissance de l'être doit se perfectionner, devenir en même temps plus claire et plus certaine, à mesure que par la bonne volonté nous sortons du phénomène et du relatif pour nous constituer librement et solidement dans l'être. Et si la bonne volonté, à cause des nécessités inhérentes à l'épreuve morale que nous avons à subir, n'est pas du premier coup une condition suffisante de la connaissance adéquate de l'être, néanmoins elle en est la condition essentielle et absolument requise. Sans elle l'âme est dans les ténèbres ; avec elle c'est la lu-

---

peut donc venir qu'après coup. La solution spéculative dépend de la solution pratique » (*Le Problème religieux*, p. 28).

Nous n'avons donc pas admis qu'il y ait dans l'ordre des spéculations philosophiques et religieuses une sphère de l'intelligence pure où ne pénétrerait rien de moral. Néanmoins il nous semble que le fait de combiner logiquement des idées et de tirer des conclusions une fois les prémisses posées n'implique pas en soi de moralité. Mais il est vrai qu'on ne s'arrête à combiner des idées et à tirer des conclusions que parce qu'on a une raison de le faire et que la vie morale et religieuse y est intéressée. Comme le dit fort bien M. Pillon il y a une « pénétration mutuelle du penser et de l'agir » ; et nous sommes complètement d'accord avec lui pour rejeter ce qu'il appelle « l'intellectualisme évidentiste et le fidéisme sentimental ».

mière qui rayonne du dedans. *Qui facit veritatem venit ad lucem.*

On dira peut-être qu'il est possible cependant d'exprimer la vérité et d'y adhérer par l'esprit sans être animé par la bonne volonté. Oui sans doute, il est possible de l'exprimer et d'y adhérer abstraitement en considérant les rapports logiques des idées. Dans ces conditions il en est de l'adhésion à la vérité comme de l'adhésion apparente à l'erreur dont nous parlions tout à l'heure. Quand elle se trouve accompagnée par la bonne volonté, l'adhésion à l'erreur est toute de surface : elle ne vicie pas l'intimité de l'être qui est prêt à s'en dépouiller. De même sans la bonne volonté l'adhésion à la vérité est aussi toute de surface ; elle ne vivifie pas, elle n'informe pas le fond de l'être. Celui qui l'exprime, si toutefois il l'a jamais eue, est au moins en train de la perdre en la laissant se figer et mourir dans des formules.

Dès lors qu'elle ne fait pas ou qu'elle ne fait plus corps avec la volonté, bien qu'on puisse encore, par une sorte de duperie plus ou moins consciente, parler et même dans une certaine mesure penser avec elle, ce n'est plus d'elle ni avec elle qu'on vit. Voilà ce que les moralistes chrétiens ont très bien compris quand ils ont dit que la foi sans la charité est une foi morte, une foi par conséquent qui se désagrège et qui tend à disparaître.

Les pensées réelles d'un homme, celles qui le caractérisent et qui constituent pratiquement son orientation, ne sont donc pas toujours celles qu'il parle, ni même celles qu'il pense explicitement ; mais ce sont celles qu'il vit. Et celles qu'il vit, dans le bon comme dans le mauvais sens, tendent naturellement à passer de la pratique dans la spéculation, de l'âme dans l'esprit. En d'autres termes tout homme tend naturellement à penser et à parler ce qui vit en lui ; à moins que, comme il arrive, hélas ! trop souvent, la routine, les convenances extérieures, les intérêts vulgaires, ne l'induisent à se répéter à lui-même et à répéter aux autres des formules menteuses derrière lesquelles il s'abrite, et qui n'ont plus pour lui d'autre signification.

III

L'affirmation de soi.

Notre connaissance de l'être, j'entends une connaissance vivante et non une notion abstraite, dépend de ce que nous sommes. Elle vaut ce que nous valons. Mais nous valons par ce que nous voulons, par ce que nous aimons, par la fin vers laquelle nous tendons. A nous tout seuls nous ne nous suffisons pas pour être ni pour avoir conscience d'être. Et c'est parce que les sceptiques prétendent ne rien vouloir, ne rien aimer, ne tendre vers aucune fin qu'ils en viennent à dire qu'ils ne sont pas et qu'ils ne trouvent en eux qu'une ombre vaine et fugitive. Et en effet leurs énergies non concentrées se dissocient et se disséminent comme les éléments d'un corps sans vie ; et comme ils ne sont attachés à rien de fixe ils passent avec le temps. Il n'y a en eux ni unité, ni permanence. Ils ont donc raison de dire qu'ils ne sont pas ; et s'ils se dupent eux-mêmes, ce n'est pas en le disant, mais c'est en prenant intérieurement l'attitude qu'ils prennent.

Pour être, et évidemment je veux dire ici pour être à ses propres yeux, pour savoir et pour croire qu'on est, il faut donc se concentrer dans la poursuite d'une fin et s'y attacher comme à quelque chose de stable et de solide. Mais, nous l'avons vu, l'illusion et l'erreur sont possibles. Toutes les certitudes, toutes les affirmations ne se valent pas. Il ne suffit pas d'être certain et d'affirmer. Si l'on ne s'attache pas à quelque chose de réellement stable et solide, tôt ou tard on aboutit à une déception. Il s'agit donc d'être certain et d'affirmer sans avoir à craindre d'être déçu.

Par le fait même que nous vivons, plus ou moins consciemment nous voulons être. Mais il y a deux manières de vouloir être : on peut vouloir être par le dehors, on peut vouloir être par le dedans.

Vouloir être par le dehors c'est commencer par se considérer à part pour chercher ensuite à se rattacher à quelque chose d'extérieur à soi où l'on puise l'être. Et à ce point de vue la différence n'est peut-être pas très grande entre les empiristes et les idéalistes. Les empiristes se voient comme occupant une place dans l'espace et dans le temps; et pour y affermir et y consolider leur individualité ils s'efforcent de s'emparer de ce qui les entoure. Ils veulent être par ce qu'on nomme le monde et les choses du monde, et le monde est pour eux un *système de choses senties*. Les idéalistes, par une élaboration des données de l'expérience, font du monde un *système d'idées*; et c'est dans ce système d'idées et par lui qu'ils cherchent à se fixer. Les uns croient s'établir dans l'être par la sensation, les autres par la pensée. Mais les uns et les autres veulent être par quelque chose qui en un sens leur est comme étranger, et qui leur est étranger justement parce que c'est trop eux-mêmes et que ce n'est point pour eux-mêmes qu'ils peuvent s'établir dans l'être. Si le monde sensible des uns n'est rien de plus que leurs sensations, le monde intelligible des autres n'est aussi rien de plus que leurs idées. Mais idées et sensations c'est en nous ce qui n'est pas nous. Le Dieu des idéalistes par exemple est une notion parmi d'autres notions. En l'élaborant ils la projettent dans leur monde intelligible et s'imaginent ensuite l'y découvrir toute déterminée et pour ainsi dire toute faite, n'attendant que d'être perçue par eux. Il en résulte que leur Dieu leur apparaît comme bien loin d'eux, très haut au-dessus d'eux, de telle sorte que pour l'atteindre il leur faut escalader les degrés de la dialectique. D'autre part, si en vivant par la pensée les idéalistes se retirent de l'espace, ils ne se retirent pas du temps; ils ne se font pas « indépendants du temps », pour employer une expression de Thaulère. Et si le temps les emporte, n'emporte-t-il pas aussi avec eux leur système d'idée, si bien ordonné qu'il puisse être? Leurs plus hautes et leurs plus belles conceptions sont-elles autre chose que des éclairs qui ne brillent un instant que pour s'éteindre ?

Vouloir être par le dedans au contraire, c'est se détacher du monde et des choses du monde, c'est se retirer non seulement de l'espace, mais encore du temps qui s'écoule et se déprendre de ses idées pour se concentrer dans l'acte même par lequel intérieurement on se pose et on s'affirme.

Est-ce en cherchant à être par le dehors ou en cherchant à être par le dedans que nous pouvons d'une part affirmer l'être avec sécurité et d'autre part le connaître avec exactitude ?

**

Chercher à être par le dehors c'est se considérer comme un individu qui se constitue en s'alimentant soit dans un monde sensible qu'on imagine, soit dans un monde intelligible que l'on conçoit. Mais par le fait même on se trouve dispersé dans la multiplicité indéfinie des choses auxquelles on s'attache et disséminé dans la succession indéfinie des instants dans la suite desquels on veut être. En un mot on ne vit que dans le temps. Et ne vivre que dans le temps c'est s'écouler avec le flot des phénomènes. Ce n'est pas être [1]. Et si en un sens c'est devenir en un autre sens c'est aussi et surtout à tout moment cesser d'être [2]. La vie dans le temps est un évanouissement, une ombre qui s'efface, une lueur qui s'éteint. Et les sceptiques ont beau jeu contre les dogmatiques naïfs qui s'obstinent à vouloir se constituer dans l'être avec ce que l'Ecriture appelle « la figure de ce monde », comme si c'était là une substance pleine et solide en elle-même ! La figure de ce monde passe. Et tant que nous nous égarons à la poursuite de fins particulières et temporelles, l'œuvre de construction que nous nous efforçons de réaliser afin de nous établir dans l'être est toujours comme en décomposition [3]. C'est l'édifice bâti sur le sable et toujours croulant dont parle l'Evangile. Voilà pourquoi la vie dans le temps est douloureuse et triste comme une mort incessante. C'est un désir d'être impuis-

---

1. « Ce qui s'écoule, ce qui se dissout, ce qui périt sans cesse n'est rien ». S. Augustin, *De beata vita, disputatio primæ diei.*
2. « Quod vita dicitur, vitæ defectio est ». Saint Grégoire, pape.
3. Il n'y a point de créature qui renferme en soi toute sorte de perfections, et lorsque l'âme ne les trouve pas toutes dans un seul être créé, elle les va chercher dans un autre, et elle ne demeure jamais satisfaite et en repos jusqu'à ce qu'elle ait rencontré toutes les perfections inséparablement unies dans cet être entièrement simple et parfait qui est toutes choses en tous ceux auxquels il se donne. » Thaulère, *Institutions*, chap. XXXIX.

sant à se réaliser. Les sceptiques en ont bien dit toute la vanité et les pessimistes toute la souffrance [1].

Elle repose sur un mensonge que nous nous faisons à nous-mêmes. Quand nous voulons être sans nous mettre au-dessus du temps, nous attribuons une plénitude et une fixité feintes aux choses qui nous séduisent ou aux idées que nous avons élaborées et dont nous cherchons à faire la substance de notre vie. Nous nous donnons ainsi l'illusion de l'être : avec des instants fugitifs nous faisons des éternités ; avec des groupements de phénomènes instables nous faisons des absolus. Mais l'apparence de l'être n'est pas l'être. Et d'une manière ou d'une autre il faut toujours nous réveiller de ce sommeil dogmatique en sentant s'échapper ce que nous avions cru posséder pour toujours et se dérober sous nos pieds le fondement ruineux que nous avions cru inébranlable. C'est là ce qui arrache à notre pauvre humanité déçue la plainte toujours renaissante de ses désenchantements. Les choses senties perdent leur saveur ou se désagrègent, les idées sonnent creux et deviennent inconsistantes. On avait cru pouvoir être par les unes ou par les autres, et on s'aperçoit que les unes et les autres n'ont paru pleines et solides que parce qu'on les avait en quelque sorte remplies de son propre désir d'être ; mais par elles-mêmes elles ne sont rien.

Il en est qui se sont imaginé qu'il suffit de se replier sur soi-même pour pouvoir dire : je suis, comme si rien qu'en se regardant on voyait intérieurement son être avec une évidence qui s'impose. Non, ce n'est pas aussi simple. Une intuition ne suffit pas à nous faire dire : je suis. C'est là une affirmation par laquelle nous nous posons. A ce titre c'est un acte. Et cette affirmation vaut selon ce que nous mettons en elle et selon la manière dont nous la formulons.

Dieu dit dans l'Ecriture : *Ego sum qui sum*. C'est sa manière à lui d'affirmer son être : Je suis sans conditions d'aucune sorte, simplement, absolument. Je me suffis à moi-

---

[1]. Mais personne ne l'a fait avec autant de force que l'Ecclésiaste.

même pour être. Si c'est là être est-ce que nous pourrons jamais oser dire que nous sommes ?

Je suis ! mais comment suis-je et par quoi ? Admettons avec Descartes qu'il me soit impossible en disant : je pense, de ne pas dire : je suis. Quelle est la portée de mon affirmation ? Signifie-t-elle seulement que je suis au moment où je pense ? ou bien signifie-t-elle que moi aussi je suis simplement, indépendamment du moment où je pense et sans être emporté avec lui ? L'être que j'affirme est-il quelque chose de stable et de permanent, ou bien quelque chose de transitoire comme mon affirmation même, un éclair que je saisis au passage ?

Si je me considère à part isolé dans le moment où je pense, puis-je vraiment dire que je suis ? Ce n'est pas être que d'être en passant. A supposer même que mes intuitions successives se répercutent les unes dans les autres et se rejoignent de manière à former une continuité, je n'aurai toujours ainsi qu'une existence disséminée dans la durée, fugitive et insaisissable, dont je pourrai dire tour à tour, selon les termes de comparaison que je prendrai, qu'elle est longue et qu'elle est courte : dyade indéfinie qui en enfermant les contraires atteste en quelque sorte son non-être. En disant : je suis, c'est évidemment autre chose que j'exprime. Mais aussi je dépasse infiniment l'intuition ou les intuitions que j'ai de moi-même dans le temps. Ce que je dis ne signifie rien si ce n'est que je suis stable et permanent au-dessus des phénomènes qui s'écoulent. Et voilà pourquoi aux yeux des sceptiques je me dupe moi-même. Et comment en effet puis-je dire que je suis en ce sens, moi qui n'étais pas hier et qui peut-être ne serai plus demain ? Au moment même où j'ébauche cette affirmation est-ce que l'être ne va pas me manquer ? Est-ce que je vais pouvoir aller jusqu'au bout ?

La conclusion qui se dégage de là c'est que par le dehors et dans le temps il est impossible d'être au sens vrai et plein du mot, et que vouloir être par le dehors et dans le temps c'est être le jouet d'une illusion qui doit tomber un jour ou l'autre pour laisser le vide à sa place.

*
**

Mais si au lieu d'attendre que l'illusion tombe d'elle-même, si au lieu de subir la désillusion nous travaillons nous-mêmes à nous désillusionner ; si au lieu de gémir vainement, emportés par lambeaux dans la fuite des choses, nous renonçons librement à ce que nécessairement nous devons perdre, est-ce que nous ne réussirons pas à être par le dedans ?

Toutefois, remarquons-le bien, il faut pour le tenter cesser de vouloir être par le dehors. Et vraiment, comme dirait Pascal, c'est au moins une chance qu'on peut courir puisqu'en définitive on n'a rien à perdre qu'on ne perdrait sans cela. Il semble que ce soit mourir ; mais il y a une mort qu'on n'évitera pas. Il est au moins plus digne de l'accepter que de la subir. Et si on l'accepte peut-être devient-elle tout autre chose que la mort. S. Paul disait : je meurs tous les jours ; mais il ajoutait : mourir m'est un gain. Ce qui signifie : tous les jours je me détache et je me délivre de l'illusion et de la fantasmagorie des phénomènes ; et ma réalité dans le temps, réalité disséminée et fuyante, s'évanouit à mes yeux ; mais bien loin qu'ainsi je m'anéantisse, je me constitue au contraire dans l'être et je m'y affermis pour l'éternité. C'est dans le même sens que S. Augustin disait : que je meure pour ne point mourir à jamais !

Quand, au lieu de subir cette mort, on y consent, c'est donc qu'en définitive par elle et à travers elle on veut aller à la vie, on veut être vraiment et pleinement. Mais puisque nous ne sommes à nos propres yeux que par ce que nous aimons, par ce que nous voulons, il est évident que nous ne pouvons être vraiment et pleinement, de façon à pouvoir dire : je suis avec une certitude absolue, que si nous voulons être par Celui qui est.

Or Celui qui est ne saurait être un étranger pour nous. Ce n'est pas une chose sensible que nous atteignons en nous mouvant dans l'espace ; ce n'est pas une idée que nous découvrons en montant les degrés de la dialectique, comme si tout d'abord nous étions loin de Lui et en dehors de Lui. Celui qui est vit en nous, agit en nous. Nous vivons en Lui, nous agissons en Lui. Ce n'est toujours que par Lui que nous pouvons vouloir être, et quand nous voulons être sans Lui nous abusons de sa présence en nous. Affirmer l'être, qu'on le reconnaisse ou non, c'est toujours affirmer Celui qui est, c'est toujours affirmer Dieu. Et quand on ne le reconnaît pas et qu'on prétend affirmer l'être sans lui, c'est comme si on cherchait à le confisquer à son profit. C'est alors qu'on le perd et qu'en le perdant on se perd soi-même. Et se perdre soi-même c'est ne plus être à ses propres yeux qu'apparence et phénomène, c'est tomber dans le temps, s'y disperser et passer avec le temps.

Je ne puis affirmer que je suis d'une affirmation solide qu'en affirmant qu'Il est et que je suis par Lui. De Lui seul il est vrai de dire qu'Il est simplement. Sans Lui je ne serais pas : comment sans Lui pourrais-je être certain d'être ? Il est l'être de mon être, la vie de ma vie. Il se trouve dans le vouloir-être par lequel je m'affirme au plus profond de moi-même. Mais Il ne m'apparaît, Il ne devient pour moi la réalité vivante en moi, que dans la mesure où je me recueille dans la dispersion des phénomènes, où je sors de moi-même, de mon individualité spatiale et temporelle pour m'unifier et me fixer intérieurement : car c'est seulement en Lui et par Lui que je puis réaliser *l'unité* et la *permanence* qui me donnent droit d'affirmer mon être ; et c'est seulement quand je suis unifié et fixé en Lui que je puis dire : je suis, avec une certitude qu'aucune déception ne saurait ébranler.

Et on doit comprendre que si c'est là être c'est aussi être par le dedans. Celui qui est en effet et par qui je suis n'est pas en dehors de moi. Et si je commençais par me supposer en dehors de Lui, comme subsistant sans Lui, pour aller ensuite à sa recherche, je ne le trouverais pas : car ce serait supposer qu'au moins tout d'abord je n'ai pas besoin de Lui pour être ; et il en résulterait que je m'échapperais à moi-même. Je ne puis donc me trouver moi-même réellement qu'en le trouvant.

Descartes s'en était bien rendu compte lui qui disait qu'il ne peut y avoir de certitude sans Dieu [1]. Mais comment se fait-il que, ne pouvant être que par lui et ne nous affirmer aussi que par Lui, nous puissions cependant vouloir être sans Lui et avoir sans Lui des certitudes ? C'est là le mystère de la personnalité humaine et du libre arbitre que présen-

1. Ceux qui lui ont reproché d'avoir commis un cercle vicieux en faisant appel à Dieu pour garantir le valeur de l'évidence se sont étrangement mépris sur le sens et la portée de sa méthode. Ils n'ont point vu qu'il s'agit là, non pas de vérités abstraites qu'on démontrerait alternativement l'une par l'autre, mais de moments successifs dans ce que je me permettrai d'appeler la construction de nos croyances métaphysiques. La certitude du « *cogito ergo sum* » est tout d'abord provisoire. Pendant que je pense je ne puis douter que je suis ; je suis au moins dans le moment où je pense. Voilà ce que je vois évidemment, selon Descartes. Mais en disant simplement : je suis, j'affirme infiniment plus. Et pour l'affirmer il me faut autre chose que l'évidence du moment où je pense ; ou, ce qui revient au même, il faut que cette évidence qui est attachée à une intuition plus ou moins passagère, me soit garantie comme étant bien réellement le signe d'une vérité permanente. Pour dire : je suis, avec une certitude absolue et non plus seulement provisoire, il faut que je puisse être certain que l'évidence ne me trompe pas. Autrement qu'est-ce qui me garantit que mon existence n'est pas discontinue comme les intuitions que j'ai de moi-même en pensant ? Mais je ne puis être certain que l'évidence ne me trompe pas qu'autant que je reconnais que le principe de mon existence et de ma pensée est un être parfait. Si je reconnais qu'un être parfait est le principe de mon existence et de ma pensée, c'est bien sans doute grâce à l'évidence. Mais il arrive justement ceci que l'évidence par laquelle je connais un être parfait trouve ainsi une garantie absolue qu'elle n'avait point jusque là. Dès lors si je me trompais en disant : je pense, donc je suis, c'est Dieu qui me tromperait. Et un Dieu qui me tromperait ne serait plus un être parfait, ce ne serait pas Dieu. Mais d'autre part aussi l'évidence qui ne m'amènerait pas à reconnaître un être parfait ne serait pas une véritable évidence, puisque je pourrais toujours la soupçonner d'être menteuse. Dans une voûte où la clef maintient les autres pierres et est maintenue par elles, il n'y a pas pour cela cercle vicieux. De même en est-il ici. — Est-ce à dire que nous n'avons rien de mieux à faire que de reprendre simplement la méthode cartésienne ? Non sans doute. Remarquons entre autres choses que Descartes s'imagine que pour se trouver soi-même et pour trouver Dieu il n'y a qu'à employer les procédés des mathématiques, procédés par lesquels en analysant on découvre le simple dans le composé. Mais pour se trouver soi-même et pour trouver Dieu il ne suffit pas d'analyser, il faut se constituer en Dieu et aussi constituer Dieu en soi : il faut agir, il faut vouloir Dieu et se vouloir en lui. Néanmoins ce que Descartes a fort bien vu, et ce que j'en voudrais retenir, c'est la solidarité de toutes nos certitudes avec la certitude de l'existence de Dieu.

tement nous n'avons pas à approfondir. Qu'il nous suffise de comprendre que sans le libre arbitre la question de la certitude ne se poserait pas. Si, ne pouvant être que par Dieu, nous ne pouvions aussi vouloir être que par Lui, il nous serait impossible de douter de Dieu aussi bien que de nous-mêmes. La preuve que je suis libre, disait Descartes, c'est que je puis douter ; et il avait raison. Mais il aurait pu dire également : c'est que je puis croire.

Dieu est à la fois le principe et la fin, l'alpha et l'oméga. Et il ne peut pas être l'un sans être l'autre. Voilà pourquoi nous ne pouvons le reconnaître pour notre principe qu'en le prenant pour fin. Mais en le prenant pour fin nous le reconnaissons par le fait même pour notre principe : nous nous voulons en Lui, nous nous voyons en Lui ; et en même temps nous le voulons en nous, nous le voyons en nous. C'est donc bien par Lui que nous sommes certains de nous-mêmes, et par Lui en tant qu'Il est en nous et que nous sommes en Lui.

*
* *

Pour être vraiment et pleinement et pour avoir la certitude d'être sans crainte de s'illusionner, il faut donc se déifier, prendre au moins dans une certaine mesure la forme divine. Et qu'on ne dise pas que c'est là mêler et confondre d'une façon panthéistique notre être avec l'être de Dieu. Il ne s'agit pas du tout d'une absorption qui supprimerait notre personnalité, tant s'en faut ! Il s'agit d'une communion de notre volonté et de la volonté divine. Être transformé en Dieu, à quelque degré que ce soit, ce n'est pas cesser d'être soi-même, mais c'est vouloir ce que Dieu veut. Or vouloir ce que Dieu veut c'est l'aimer. La transformation dont nous parlons s'accomplit donc par l'amour, ou plutôt c'est l'amour même. Mais l'amour, on ne le remarque pas assez, n'a rien de commun avec le désir. Par le désir on cherche à transformer ce qu'on désire en soi-même. Par l'amour on se transforme en ce qu'on aime. L'amour n'est pas une prise de possession, c'est le don de soi. Pour être capable d'aimer il faut donc être libre et avoir son autonomie : car pour se donner il faut se posséder. On n'aime parfaitement que si on est parfaitement libre ; mais on ne devient libre qu'en aimant. Ce qu'on désire on le traite comme une chose, on le considère comme un moyen ; ce qu'on aime on le traite comme un être, on le considère comme une fin. L'amour vient d'une volonté et s'adresse à une volonté. Mais l'union des volontés dans l'amour ne ressemble en aucune façon aux mélanges ou aux combinaisons qui se font dans ce qu'on nomme la matière. Deux gouttes d'eau qui se rejoignent par exemple ne sont plus qu'une seule goutte d'eau. Deux volontés qui s'unissent en s'aimant, malgré leur union, restent deux. Chacune sert à l'autre à se constituer en elle-même ; et chacune se retrouve dans l'autre vivifiée et comme enrichie par elle. Quand nous aimons Dieu, Dieu veut en nous, mais aussi nous voulons en Lui. Et notre personnalité est d'autant plus haute, d'autant plus achevée, et d'autant mieux constituée dans son autonomie que nous sommes plus unis à Dieu, plus pénétrés par Lui. Et il semble en même temps que Dieu qui nous veut et qui nous aime est comme agrandi par nous dans son être. En l'aimant nous faisons qu'Il se retrouve en nous comme nous nous retrouvons en Lui. Il se comporte avec nous comme s'il avait besoin de nous pour être. De même que nous nous affirmons librement par Lui, Il s'affirme librement par nous ; mais avec cette différence cependant que nous, en voulant nous affirmer sans Lui, nous nous perdons nous-mêmes, tandis que Lui pourrait s'affirmer sans nous et ne rien perdre de sa plénitude d'être.

*
* *

Pour dire : je suis, sans avoir à craindre aucune surprise il faut donc ne pas vouloir être par soi et ne pas se mettre à part : car vouloir être par soi et se mettre à part dans son individualité, c'est vouloir être dans le temps et par les choses du temps. Or dans le temps on n'est pas, on s'écoule, on s'évanouit et on meurt. C'est ce qui faisait dire à S. Augustin : « Je ne serais point, ô mon Dieu, si vous n'étiez en moi. Que dis-je ? je ne serais point si je n'étais en vous de qui, en qui et par qui sont toutes choses ».

Le dogmatisme de ceux qui s'affirment en dehors de Dieu est un dogmatisme de naïveté ou d'orgueil qui ne reçoit que des démentis. Finalement il ne peut aboutir qu'à des déceptions, et il donne ainsi naissance au scepticisme.

On se contente ordinairement de dire que le scepticisme est une maladie et qu'il est absurde parce qu'il implique contradiction. Je n'en disconviens pas. Mais n'est-il pas étrange tout d'abord qu'une contradiction puisse être vécue en quelque sorte et se réaliser dans une âme ? Les impossibilités de la logique abstraite ne sont-elles donc que des fictions ? En tout cas il apparaît bien que la vie réelle s'en joue et n'est point arrêtée par elle. En logique une contradiction c'est l'impossible. A ce titre le scepticisme ne devrait pas pouvoir se produire. Et c'est toujours en effet ce qu'on s'efforce de démontrer, et bien inutilement, puisque le scepticisme se produit quand même. Il faudrait comprendre enfin que c'est un état d'âme, et le considérer comme tel. Et si c'est une maladie il est nécessaire pour l'éviter et pour essayer au moins de la guérir d'en connaître l'origine et la nature. Quand on est en présence d'un mal et qu'on veut le supprimer, ce n'est pas directement au mal lui-même qu'on s'attaque, mais à sa cause.

Or encore une fois la cause du scepticisme, l'état d'âme qui le contient en germe c'est le dogmatisme de naïveté ou d'orgueil en vertu duquel on veut être dans le temps et par les choses du temps. C'est donc à ce dogmatisme-là qu'il faut s'attaquer ; et c'est le rôle de la critique de le saper méthodiquement par la base. Mais la critique, ne l'oublions pas, la vraie critique ne se fait pas seulement par l'esprit qui analyse et qui raisonne ; elle se fait surtout par la bonne volonté qui du dedans nous transforme, et par laquelle nous nous déprenons de nos illusions, en nous déprenant de nous-mêmes, pour nous attacher à la vraie et substantielle réalité. La critique est une œuvre morale qui s'accomplit par un effort de l'âme tout entière.

C'est quand les illusions tombent et que l'on a rien à mettre à la place que le scepticisme apparaît. Et il est toujours en effet comme le réveil d'une ivresse. C'est après avoir cru en soi, après avoir cru aux choses du temps ou aux idées qu'on s'était faites en vivant dans le temps ; c'est après s'être enivré des unes ou des autres et avoir cherché à s'en remplir qu'on finit par s'apercevoir qu'on est vide. Et si on suggère à celui qui se trouve vide de cette façon de dire encore par exemple « je pense, donc je suis », ce « je suis » ne peut plus lui apparaître que comme une ombre évanouissante. C'est une amère et suprême ironie.

*
* *

Notre certitude d'être ne peut donc avoir de force et de solidité que lorsqu'elle a passé par l'épreuve ; et l'épreuve c'est la vie tout entière. Il nous faut travailler chaque jour à l'affermir et à l'éclairer. La plupart du temps les métaphysiciens se sont imaginé qu'il suffisait d'établir démonstrativement et une fois pour toutes que nous existons par Dieu. Et oui assurément nous existons par Dieu ; mais pour le reconnaître et pour que cette proposition ait un sens pour nous il faut que nous voulions Dieu en nous. Autrement il ne pourrait y avoir ni athées ni sceptiques. Et vouloir Dieu en soi ce n'est pas le fruit d'une démonstration, ce n'est pas une opération logique, c'est une action. Et cette action, au moins tant que nous vivons sur la terre, n'est jamais achevée. Il ne suffit pas que nous soyons par Dieu pour que notre certitude d'être soit inébranlable, car alors elle serait inébranlable chez tous également ; mais il faut encore que nous voulions être par Lui, et qu'il y ait accord entre ce que nous sommes invinciblement au fond de nous-mêmes et ce que nous sommes librement dans notre vie consentie.

C'est là un point sur lequel nous ne saurions assez insister. On s'imagine trop souvent que tout est fait quand on a démontré que nous sommes par Dieu. Il n'y a au contraire rien de fait pour ainsi dire : car cette démonstration ne vaut que pour ceux qui veulent être par Lui. Entre ce que nous sommes et ce que nous voulons être un désaccord est possible. C'est pour cela qu'il y a un problème métaphysique ; c'est pour cela que la vie est une crise, une épreuve à traverser ; et la possibilité de ce désaccord est la condition du libre arbitre et de la moralité.

Vouloir être par Dieu, c'est le prendre pour fin ; et le prendre pour fin c'est se concentrer et se fixer en Lui par l'amour. Toute certitude d'être qui a une autre base que celle-là est illusoire et toujours prête à s'effondrer. La fin à laquelle nous nous attachons devient le principe et comme la substance de notre être. Quand elle est inconsistante la ruine nous menace et ne manque jamais de venir tôt ou tard. Mais aussi quand nous ne prenons pas Dieu pour fin il y a opposition entre ce que nous sommes et ce que nous voulons être. C'est la guerre au dedans de nous-mêmes. Nous avons beau faire, nous ne pouvons jamais être autrement que par Dieu. Mais tout est différent en nous selon que nous voulons être par Lui ou que nous voulons être sans Lui. Sans Lui c'est l'illusion, et après l'illusion c'est la dissolution et les ténèbres de la mort. Avec Lui c'est la lumière et la plénitude concentrée de la vie. Remplis par Lui, vivifiés par son amour, au milieu même de nos misères et de nos infirmités temporelles, nous prenons pied en quelque sorte dans l'éternité, et nous pouvons dire : je suis, avec l'assurance que l'être ne nous manquera pas.

Mais, on le conçoit sans peine, une telle certitude a des degrés comme l'amour qui la fonde. Je n'entends point par là qu'elle repose sur des probabilités plus ou moins grandes. J'entends qu'elle est d'autant plus ferme et d'autant plus pleine que nous sommes mieux fixés dans l'amour divin, et que, par l'amour, Dieu est plus vivant et plus présent en nous. Sans doute tant que nous sommes sur la terre la présence de Dieu se dérobe toujours comme derrière un voile — *in speculum et in enigmate.* — Mais le voile peut devenir de plus en plus transparent, jusqu'à ce qu'enfin il se déchire pour l'éternel face à face. C'est la plénitude d'amour qui met la plénitude d'être en nous. Plus l'être de Dieu nous remplit par l'amour, plus nous sommes certains d'être. Mais cette certitude fondée sur l'amour est vivante comme lui. Toujours imparfaite tant que nous sommes soumis aux péripéties du temps, elle éprouve comme des éclipses et des affaiblissements. Dans toute âme humaine quelle qu'elle soit, fut-elle une âme de saint, il y a des heures sombres où il semble qu'on s'enfonce dans les ténèbres et qu'on se perd dans le vide. Toutefois ce n'est là que mystère d'amour, épreuve bienfaisante qui aide à sortir de soi. Si Dieu paraît s'éloigner c'est pour qu'en le cherchant nous le retrouvions plus aimant et plus aimé, et pour qu'avec lui nous nous retrouvions nous-mêmes agrandis et mieux affermis dans l'être.

La certitude qui a pour objet l'être, et que nous pouvons appeler métaphysique, est donc toute différente de la certitude logique ou de la certitude mathématique qui ont pour objet des relations entre les termes. Rien n'exprime mieux ce qu'elle est que l'hymne qui jaillit du cœur de Pascal pendant une nuit fameuse, et dont les accents entrecoupés comme des sanglots, ressemblent à la fois à des cris de douleurs et à des cris de joie : cris de douleur de la nature qui meurt à elle-même dans un effort surhumain et du vieil homme qui succombe ; cris de joie de l'homme nouveau qui entre dans la vie et qui trouve l'être en tressaillant d'amour. Nous savons bien que c'est folie aux yeux des sages de ce monde. Il s'est trouvé des philosophes fiers et sûrs d'eux-mêmes dans leur dogmatisme bourgeois pour déclarer que Pascal était sceptique, lui croyant s'il en fut jamais, et qui avait concentré, unifié et fixé en Celui qui est toutes les puissances de son âme. Ah ! c'est vrai, il ne croyait pas à la figure de ce monde, il ne croyait pas aux multiples idoles, ceux des sens et ceux de l'esprit, que les hommes adorent. Mais justement il faut n'y pas croire pour être et pour avoir la certitude d'être indéfectiblement.

IV

L'affirmation de Dieu.

Les caractères de l'être sont l'unité et la permanence. Pour connaître et pour affirmer l'être en soi, il faut se recueillir dans la dispersion primitive et naturelle de l'espace et du temps ; il faut se faire *un* et se faire *permanent*, se dégager du multiple et se mettre au-dessus de ce qui passe. Et l'acte par lequel on se recueille ainsi, par lequel on se constitue intérieurement dans l'unité et la permanence, ne diffère pas de l'acte par lequel on s'affirme. Mais aussi on ne se constitue dans l'unité et la permanence, et par conséquent dans l'être, qu'en s'attachant à Dieu.

Assurément chez celui qui ne se voit que dans l'espace et dans le temps, uniquement pour ainsi dire par le dehors, et qui à ce titre n'est que phénomène à ses propres yeux, l'être pour cela ne fait pas défaut. Mais il est comme à l'arrière plan, comme à l'état d'inconscience. Il est méconnu ou non encore remarqué. Tout être dans son fond est affirmé par Dieu, posé par Lui ; c'est un acte de Dieu, un acte *ad extra* comme disent les théologiens. Mais pour être à ses propres yeux, et sans qu'il ait à cesser d'être un acte de Dieu, il faut qu'il devienne aussi son acte propre, qu'il s'affirme et qu'il se pose lui-même. Dieu agit en nous pour que nous agissions en Lui. La certitude que nous avons d'être est notre action ; mais, comme toute action, nous ne pouvons la produire que par le concours de Dieu. S'imaginer que nous pouvons nous affirmer sans Dieu, c'est admettre qu'indépendamment de Lui il peut y avoir de l'être. Sans y prendre garde on retombe ainsi dans le dualisme antique. On se représente d'une part des êtres subsistants en eux-mêmes et par eux-mêmes, agissant comme par leur vertu propre, et d'autre part Dieu. Et il devient impossible de les faire se rejoindre et de retrouver l'unité. Cette erreur se trouve impliquée dans le rationalisme pélagien ; et il nous semble qu'elle fait encore le fond de ce qu'on a appelé le molinisme. Le criticisme kantien, qui en un sens la démasque merveilleusement, continue néanmoins de la subir, en supposant que nous sommes totalement en dehors de l'absolu et que pour l'atteindre il faut, comme par un acte désespéré, faire un saut dans l'inconnu.

Il est vrai que pour intégrer l'absolu dans notre vie librement voulue un acte est nécessaire. Mais c'est dans cet acte même que l'absolu se trouve : car, ainsi que nous venons de le dire, nous ne l'accomplissons que par son concours. Nous ne pouvons pas nous affirmer sans que Dieu nous affirme ; mais nous ne pouvons pas non plus nous affirmer nous-mêmes sans affirmer Dieu. Et de même que sans Dieu, nous ne pouvons ni l'affirmer ni nous affirmer nous-mêmes, Dieu non plus, au moins dans notre vie librement voulue, ne nous affirme pas et ne s'affirme pas en nous sans nous. C'est ce que méconnaissent toutes les doctrines qui tendent au Panthéisme, comme le Quiétisme ou le Jansénisme, pour qui les êtres n'ont aucune autonomie.

..

Nous coopérons à la connaissance et à la certitude que nous avons de Dieu comme nous coopérons à la connaissance et à la certitude que nous avons de nous-mêmes. Et en vérité les deux choses n'en font qu'une. L'affirmation de Dieu comme l'affirmation de nous-mêmes est action vivante. Ce n'est pas le résultat d'une vision suprasensible, ainsi que le supposent les ontologistes, par laquelle nous atteindrions Dieu du premier coup en pleine lumière. Et c'est encore moins la conclusion d'un raisonnement qui nous le ferait découvrir comme terme d'un rapport. On ne sait pas Dieu comme on sait un théorème de géométrie, parce que Dieu n'est pas une abstraction, mais une réalité. On croit en Dieu, et cette manière de s'exprimer est significative. Et cela ne veut pas dire que la raison, la faculté de comprendre et d'établir des rapports, n'a rien à faire ici. Les différentes preuves de l'existence de Dieu ont toutes un sens et une portée. Elles expriment et fixent les progrès faits dans la connaissance de Dieu, et en même temps elles peuvent aider à en faire de nouveaux. Présentées aux âmes de bonne volonté elles deviennent des lumières qui les orientent. A aucun point de vue il n'est légitime de vouloir s'en passer. Ce qui n'empêche pas qu'il est très légitime et même nécessaire d'en faire la critique pour les vivifier, les renouveler et, j'ose dire aussi, les dépasser. La connaissance de Dieu impliquée dans chaque preuve est toujours en effet plus ou moins incomplète. N'arrive-t-il pas même qu'elle est grossière ? Nous avons toujours à craindre de rabaisser Dieu à notre niveau au lieu de nous élever jusqu'à lui. Et c'est ce que nous ferions, si nous voulions déterminément nous en tenir à une connaissance acquise sans aspirer à la compléter.

En conséquence s'imaginer qu'à elles seules, par la vertu logique de leur forme démonstrative, les preuves peuvent nous donner Dieu et nous le faire connaître, c'est une prétention si constamment démentie par les faits qu'on s'étonne encore de la voir se produire. Ne sait-on pas que beaucoup d'hommes, hélas ! ne sont pas touchés par ces preuves ? Et ne sait-on pas aussi, ce que nous avons déjà signalé, que Dieu a été conçu de façons fort différentes ? Et quel est celui d'entre nous en qui ne s'accomplissent sur ce point des transformations ? Il ne se passe rien de semblable quand il s'agit des vérités abstraites qu'on établit démonstrativement. La démonstration les impose à tout esprit quel qu'il soit, et elles sont du premier coup pour ceux qui les pensent tout ce qu'elles peuvent être. Dieu n'est pas une vérité abstraite et ne saurait être l'objet d'une démonstration semblable [1].

J'espère que pour parler ainsi je ne serai pas accusé de Fidéisme et qu'on ne me fera pas dire que l'homme par ses facultés humaines ne peut pas connaître Dieu et croire en lui. Ce qui fait que l'homme est homme c'est justement qu'il a le pouvoir de mettre Dieu dans sa vie en le prenant pour fin. Ce pouvoir toutefois il ne l'a pas par lui-même ; et je ne pense pas que cette proposition puisse être contestée.

---

1. « La vérité exclusivement scientifique est à qui la cherche. La vérité morale et religieuse est à qui l'aime ». — *Le Prêtre — une retraite pastorale* — par l'abbé Planus.

Nous avons la faculté de connaître Dieu. Mais Dieu est une réalité vivante. Et la connaissance que nous en avons, si elle est vraiment une connaissance de Dieu et non une abstraction mise à sa place, vit en nous. On acquiert la connaissance de Dieu comme on acquiert la connaissance d'un ami en vivant de sa vie, en pénétrant dans son intimité, en devenant lui-même. Pour connaître Dieu il faut lui ressembler, et on le connaît dans la mesure où on lui ressemble. Oui, quand nous progressons dans la connaissance de Dieu il est vrai de dire que Dieu devient en nous. Et certes cela ne signifie pas que Dieu n'existe pas en soi : car s'il n'existait pas en soi il ne deviendrait pas en nous. Quand il devient en nous ce n'est pas nous qui le façonnons, c'est lui qui nous façonne. Mais dans notre vie librement voulue il ne nous façonne et il ne devient en nous qu'avec notre concours.

*
* *

Dans toute âme qui progresse quelque chose de Dieu se révèle chaque jour. Et une âme qui progresse c'est une âme qui s'ouvre, qui s'élargit, qui devient bonté. C'est une âme qui après s'être prise elle-même comme objet de son amour, toute petite en son individualité, se remplit peu à peu de la plénitude de Dieu et en l'aimant le met en elle à la place d'elle-même. Et qu'est-ce à dire sinon qu'elle s'agrandit en prenant un caractère d'universalité et d'éternité? Une âme qui progresse c'est une âme qui vit Dieu. Et c'est en vivant Dieu qu'elle apprend à le connaître et qu'elle affermit sa croyance en lui. Les deux choses sont corrélatives. On ne connaît pas d'abord pour croire ensuite. On croit en connaissant et on connaît en croyant. Et le tout résulte d'une transformation de l'âme tout entière.

Comme ici nous ne considérons que la manière dont se produit la connaissance de Dieu et dont s'affermit la croyance en Lui, nous n'avons pas à nous occuper de ce que deviennent cette connaissance et cette croyance pour ceux qui repoussent Dieu. Disons seulement que dans la mesure où malgré eux elles pénètrent en eux et y subsistent, elles pésent sur eux comme un cauchemar. En plus de la foi d'amour il y a donc une foi de crainte. Toutefois elles ne se ressemblent guère [1]. Et quand la foi de crainte est le commencement de la sagesse c'est que dans la crainte même il y a déjà autre chose. Mais croire uniquement par crainte c'est croire en niant. C'est ainsi qu'un ennemi croit à l'existence de son ennemi en aspirant à le supprimer. La foi de crainte à elle toute seule n'est donc pas une foi sincère puisqu'elle contient en elle le désir de ne pas croire. Avec elle et par elle on s'enfonce dans les ténèbres. C'est une foi morte, une foi subie dont on cherche à se débarrasser et dont en fait il arrive qu'on se débarrasse ; tandis que la foi d'amour est une foi vivante et voulue dans laquelle on s'affermit sans cesse, et qui va toujours croissant, *supercrescit fides vestra*.

V

L'affirmation des autres êtres.

Nous venons de voir comment l'affirmation de Dieu et l'affirmation de nous-mêmes se combinent pour ne faire en quelque sorte qu'une affirmation. C'est que Dieu concourt à l'acte par lequel nous nous affirmons en Lui, et que d'autre part aussi nous concourons à l'acte par lequel Dieu s'affirme en nous. Mais comment affirmons-nous les autres êtres ? comment croyons-nous en eux ? comment les connaissons-nous ? Et en disant les autres êtres, j'entends ici tout ce qui n'est pas Dieu et tout ce qui n'est pas moi.

Ce n'est ni par nos sensations, ni par nos idées comme telles que nous atteignons l'être des autres. Nos sensations et nos idées sont en nous, relatives à nous. L'être des autres, si je puis ainsi dire, est en eux. Il semble que c'est le dehors absolu. Et quand je dis le dehors absolu j'entends naturellement tout autre chose qu'une localisation à distance dans l'espace : car le dehors de l'espace est relatif ; et à ce

---

[1]. Par foi nous entendons ici la croyance à l'être, à l'existence d'une réalité en soi. En ce sens il y a foi dans tous les cas où nous disons : cela est, cela existe en soi. C'est le sens philosophique du mot.

point de vue ce que j'appelle le monde c'est ma représentation, et ce que vous appelez le monde c'est également votre représentation. Et si, pour nous reconnaître dans la diversité et la mobilité de nos sensations, nous les ramenons d'une manière ou d'une autre à quelque chose d'homogène et de fixe que nous appelons des idées ou de l'intelligible, nous ne faisons que substituer de l'abstrait au concret sensible. Nous imitons l'algébriste qui pour simplifier sa besogne met des lettres à la place des nombres. Et quand on s'imagine ainsi connaître l'être ou plutôt les êtres extérieurs à soi, c'est alors en vérité, comme nous l'avons déjà dit, que l'on mérite d'être appelé idéaliste.

Les autres êtres sont des sujets, comme je suis un sujet. Si en tant que sujets ils sont en dehors les uns des autres, ce n'est pas qu'une distance au sens propre du mot les sépare : car des sujets qui ont pour caractère essentiel l'unité ne sont point dans l'espace et ne peuvent occuper un lieu. S'ils sont en dehors les uns des autres c'est en ce sens que l'un n'est pas l'autre, que d'une certaine façon ils sont chacun un centre, un dedans, et que chacun existe en soi et pour soi, ayant dans une mesure plus ou moins grande son autonomie propre. Il ne faut donc pas chercher les autres êtres dans le dehors spatial et temporel, ni non plus dans ce qu'on a appelé l'intelligible, ce qui n'est que de l'abstrait. Le dogmatisme qui prétend encore les trouver ici ou là, vieux reste de la pensée antique en lutte contre la pensée chrétienne, achève de mourir sous les coups répétés de la critique. Laissons les morts ensevelir leurs morts. L'être n'est ni une chose sentie ni une chose pensée. Il nous est devenu impossible de le concevoir sous forme d'objet.

Leibniz avait raison : tout être est sujet. Voilà un point que nous considérons comme acquis. C'est seulement dans un sujet que peuvent se rencontrer l'*unité* et la *permanence* qui sont les caractères de l'être, caractères par lesquels il se distingue du phénomène qui est multiple et passager. Aussi, nous l'avons vu, pour découvrir l'être, il faut regarder en dedans. Mais pour regarder en dedans il faut se recueillir et s'unifier en se dégageant de la dispersion de l'espace et du temps. Tout sujet est en lui-même un acte qui se pose avec plus ou moins d'autonomie. En conséquence le problème à résoudre est celui-ci : comment des sujets qui existent en eux-mêmes et pour eux-mêmes peuvent-ils être connus et affirmés par d'autres sujets ? Problème très complexe ; car s'il y a des sujets de différentes sortes, le problème est à résoudre pour chacune d'elles. Comment puis-je connaître et affirmer d'abord d'autres hommes, c'est-à-dire des sujets semblables au sujet que je suis ? Comment puis-je connaître et affirmer ensuite des animaux, c'est-à-dire toujours des sujets, mais des sujets d'une autre sorte ? Et au-dessous ou à côté des animaux comment puis-je connaître et affirmer enfin d'autres sujets encore ?

**

On sait que selon les Cartésiens il n'y avait pas d'autres sujets dans le monde que les âmes humaines. Tout le reste était pour eux des choses, des objets, des dehors sans dedans. Ils s'imaginaient en effet pouvoir ramener tout le reste à l'étendue en faisant de l'étendue une substance, un être, sans que l'étendue soit un sujet. Et ils se demandaient comment un sujet tel que l'âme humaine, dont la nature est de penser et qui par essence est un, peut entrer en communication avec une substance hétérogène telle que l'étendue dont la nature est l'inertie et qui par essence est multiple. En essayant de résoudre le problème sous cette forme les Cartésiens ont succombé à la peine ; et il n'en pouvait être autrement. Mais le problème est supprimé du moment que l'on cesse de considérer l'étendue comme une substance.

Ce qui est singulier c'est que ni eux ni les autres avant eux ne semblent s'être inquiétés de savoir comment les âmes humaines se connaissent et s'affirment réciproquement. En toute hypothèse c'est une question qu'on aurait dû se poser. Et si la réalité en soi n'est constituée que par des sujets elle devient la question typique. C'est en la posant qu'on voit nettement en quoi consiste le problème de la communication des substances. Tel est l'aspect sous lequel Leibniz a envisagé ce problème. On sait qu'il l'a résolu en disant que les sujets, qui composent la réalité du monde et qu'il appelait des monades, ne communiquent pas entre eux. Selon lui chacun d'eux ne communique qu'avec Dieu. Et dans son système Dieu est comme un interprète universel qui révèle incessamment à chaque être l'existence des autres êtres en lui faisant connaître ce qui se passe en eux. Leibniz a au moins le mérite d'avoir compris qu'ici pas plus qu'ailleurs nous ne pouvons nous passer de Dieu. Mais, pour résoudre ainsi le problème, il commençait par admettre que les êtres qui constituent le monde sont absolument séparés les uns des autres justement parce qu'ils sont des êtres, parce qu'ils sont des sujets et que chacun existe en soi. Il est évident en effet que s'ils sont absolument séparés ils ne peuvent communiquer entre eux. Mais c'est ce qu'il s'agit de savoir.

Kant qui vient ensuite suppose en outre à peu près de la même façon que tout sujet est séparé de Dieu [1]. Et dès lors aucune communication ne semble plus possible d'un être à un autre être.

Leibniz et Kant ont été acculés à prendre cette position par le dogmatisme même dont ils ont fait la critique. En se rendant compte que nos sensations ou nos idées, comme telles et par elles-mêmes, n'apportent pas en nous l'être des autres ou l'être de Dieu, mais en continuant aussi, comme malgré eux, de se placer au point de vue qu'ils cherchaient précisément à dépasser, ils ont dû croire que l'être des autres ou l'être de Dieu reste invinciblement en dehors de nos prises.

Mais ne voir dans leurs systèmes que la partie négative, ce serait à leur égard commettre une injustice. Cette injustice, en ce qui concerne Kant particulièrement, il semble

---

1. En conséquence Kant déclare que dans sa conscience même il ne découvre pas d'être. C'est qu'en effet, nous l'avons vu, celui qui se considère en dehors de Dieu et dans le temps ne peut plus s'apparaître à lui-même que comme une série ou un groupement de phénomènes inconsistant. N'oublions pas cependant que pour Kant c'est là un point de vue provisoire.

qu'on s'acharne à la commettre. On ne veut pas reconnaître que Kant à travers toutes ses critiques, malgré toutes les accusations de scepticisme et d'idéalisme qu'on a pu formuler contre lui, malgré tous les abus qu'on a pu faire de sa doctrine, est toujours et incessamment à la recherche de l'être. Et finalement lui aussi affirme l'être, lui aussi se repose dans cette affirmation. En réalité ce qu'il a voulu délibérément faire, et ce dont au moins nous devons lui savoir gré, tout en reconnaissant ce qu'il y a d'artificiel, d'incomplet ou d'inexact dans ses procédés, ç'a été de substituer un dogmatisme moral au dogmatisme empiriste ou idéaliste, dont ses prédécesseurs n'étaient pas venus à bout de se débarrasser.

En un sens on peut dire qu'il a inauguré la philosophie de la volonté et de la liberté. Ce n'est pas sans doute qu'il l'ait inventée : car elle fait le fond du christianisme et de toute doctrine qui ne méconnaît pas la moralité. Et ceux qu'on appelle les mystiques chrétiens en particulier en ont parfaitement compris le caractère, bien qu'ils ne l'aient pas méthodiquement systématisée [1]. Mais avant Kant, dans le monde des philosophes, même avec Descartes et Leibniz, on subissait encore la philosophie antique. Kant a mis en relief une opposition qui jusqu'à lui semble s'être plus ou moins dissimulée. Les intellectualistes ont vu en lui un sceptique. Et de leur point de vue, du point de vue de ceux

---

1. Voici un texte très explicite de S. Augustin : « Pour toutes les choses qui pénètrent dans notre intelligence nous les comprenons, non pas en consultant la voix extérieure qui nous parle, mais en consultant au dedans la vérité qui règne dans l'esprit et que peut-être la parole nous porte à consulter. Et, cette vérité que l'on interroge et qui enseigne, c'est le Christ qui d'après l'Ecriture habite dans l'homme, c'est-à-dire l'immuable vertu de Dieu et son éternelle sagesse. Toute âme raisonnable consulte cette sagesse ; *mais elle ne se révèle à chacun qu'autant qu'il est capable de la recevoir en raison de sa bonne ou de sa mauvaise volonté.* Et lorsqu'on se trompe ce n'est point la faute de la vérité consultée, comme ce n'est pas la faute de la lumière extérieure si les yeux du corps ont de fréquentes illusions » (*Livre du Maître*, ch. XI). Les citations de ce genre pourraient être multipliées à l'infini. Aussi nous espérons que ceux qui de nos jours s'efforcent d'instituer systématiquement une philosophie de l'action, après avoir été accusés d'innovations dangereuses, finiront par être accusés de plagiat. La paix alors sans doute s'établira, et nous nous en féliciterons.

qui à la suite de Socrate, en s'en rendant plus ou moins compte, croient au salut par l'intelligence et par la science, il est en effet sceptique ; car s'il croit au salut c'est par la bonne volonté. Il a compris que la certitude qui a pour objet l'être, au lieu de s'imposer du dehors comme une modification qu'on subit, est une action.

Est-ce à dire qu'il faut s'en tenir à sa doctrine ? Non, certes, et tant s'en faut ! L'opposition qu'il établit entre le phénomène et le noumène ou l'être en soi est artificielle et encore toute scolastique. Pour lui l'être est transcendant par rapport au phénomène, et il y a entre eux comme un abîme infranchissable. Mais tout au contraire l'être n'est-il immanent au phénomène ? Seulement pour que nous retrouvions l'être dans le phénomène, pour que nous n'y restions pas comme à l'état de poussière dispersée qui s'évanouit, il faut une action intérieure qui nous constitue volontairement dans l'être. Et ce que nous avons à faire par cette action, ce n'est pas de franchir un abîme, c'est de nous concentrer et de nous fixer par le dedans. C'est là ce qu'on peut appeler le sens philosophique du mot croire. La foi ainsi entendue par laquelle dans sa vie librement voulue on se donne l'être et on le donne aussi à tout le reste avec le concours de Dieu, n'est donc pas du tout la même chose que la foi par laquelle on croit au témoignage d'autrui ; et on doit comprendre qu'il est ici d'une importance capitale de faire cette distinction. Et cette foi, qui n'est autre au fond que l'acte même de bonne volonté par lequel nous acquérons Dieu en quelque sorte, n'est pas un acte que nous accomplissons sans Lui, comme Kant le suppose dans son pélagianisme philosophique. Mais Dieu est dans la bonne volonté même, et sans Lui il n'y aurait ni bonne volonté ni foi.

***

De même que nous n'accordons pas à Kant qu'il y ait séparation absolue entre le phénomène et le noumène, ni non plus entre Dieu et nous, nous n'accordons pas davantage à Leibniz qu'il y ait séparation absolue entre les sujets qui composent le monde. Les sujets qui composent le monde se pénètrent réciproquement de telle sorte qu'à tous les points de vue, ils existent les uns par les autres. L'être de chacun est comme constitué par l'être de tous. Chacun est dans tous et tous sont dans chacun.

Mais c'est justement là ce qu'il s'agit de reconnaître. Et ce que nous avons à chercher c'est à quelles conditions nous trouvons les autres en nous en même temps que nous nous trouvons en eux [1]. Il peut sembler étrange sans doute, si les autres êtres sont en nous et si nous sommes en eux, que nous ayons à les trouver. Mais Dieu aussi est en nous, et cependant nous avons aussi à trouver Dieu. C'est qu'il peut être en nous de deux manières : comme principe et comme fin. Quand nous ne le prenons pas pour *fin*, cela ne l'empêche pas d'être en nous comme *principe* ; mais alors nous le méconnaissons, nous le rejetons de notre vie librement voulue ; et si nous ne le nions pas encore absolument nous sommes en voie de le faire. Avoir Dieu en soi seulement comme principe, c'est le subir ; l'avoir en soi comme fin, c'est l'accepter, c'est le vouloir. La différence est grande.

Nos rapports avec les autres êtres imitent nos rapports avec Dieu. Nous pouvons aussi les *subir* ou les *accepter*. Sans doute ils ne sont pas notre principe et ne peuvent pas être notre fin au même titre que Dieu ; et il y a aussi sans doute des distinctions à établir entre eux. Mais Dieu à divers degrés nous veut et nous fait exister par tous. Et c'est par eux, à travers eux, que nous pouvons vouloir Dieu ; et nous ne pouvons vouloir Dieu sans les vouloir.

Là encore il importe de ne pas s'évertuer inutilement à démontrer que nous ne pouvons pas douter de l'existence des autres êtres. Nous pouvons douter de l'existence des autres êtres comme nous pouvons douter de l'existence de Dieu. Cela n'empêche pas non plus assurément que nous soyons par eux dans la mesure où Dieu nous fait être par eux. Mais être par eux et croire en eux, les prendre pour notre fin dans la mesure où ils sont notre principe, ce n'est pas du tout la même chose.

1. Ces expressions ne doivent étonner personne. Nous avons déjà cité cet adage de l'Ecole que le connu est dans le connaissant, *cognitum est in cognoscente*.

Tout en étant liés aux autres, pénétrés par eux en vertu d'une solidarité foncière, nous pouvons néanmoins nous séparer d'eux et nous isoler dans notre individualité. C'est ce qui arrive chaque fois que nous nous prenons pour fin au détriment des autres et que par égoïsme nous nous faisons centre du monde. Or se séparer ainsi des autres c'est les méconnaître et les nier ; c'est ne pas croire à leur réalité comme êtres, comme sujets existant en eux-mêmes.

Et encore une fois qu'on ne dise pas que c'est impossible. Il n'est pas plus impossible de ne pas croire à l'existence en soi d'autres êtres, qu'il n'est impossible de ne pas croire en Dieu. Dans un cas comme dans l'autre c'est sans doute se mentir à soi-même, certes, je n'en disconviens pas ; et j'espère bien qu'on ne m'accusera pas de dire que c'est légitime. Mais ces tristes mensonges, hélas ! s'expriment tous les jours et tous les jours se traduisent en actes. Et les dogmatiques qui s'efforcent de démontrer aux sceptiques qu'ils ne peuvent être sceptiques, ressemblent à certains sociologues de notre temps qui, constatant le fait de la solidarité, s'efforcent de démontrer aux égoïstes qu'ils ne peuvent être égoïstes. Mais les sceptiques et les égoïstes n'en continuent pas moins de subsister.

∗∗∗

Souvent on parle d'instinct pour expliquer la croyance à la réalité d'un monde extérieur. En vérité c'est là du fidéisme et même du fidéisme un peu grossier. L'instinct en effet est irréfléchi, aveugle, fatal. Ce qu'on fait par instinct on ne sait pas qu'on le fait. C'est le propre de l'animal. Comment ne voit-on pas qu'y faire appel c'est méconnaître les facultés humaines. Si en effet c'est animalement que nous croyons, comme la croyance est vraiment l'acte propre de l'homme en tant qu'être moral, à quoi nous sert-il donc d'être raisonnables et d'être libres ?

On devrait bien remarquer aussi que si nous croyions par instinct jamais personne ne s'aviserait de douter ; et il n'y aurait pas non plus des manières différentes de concevoir la nature de la réalité en soi : tous auraient la même conception, celle que l'instinct leur imposerait. Tandis qu'au contraire pour l'un la réalité est constituée par des atomes, pour l'autre par de l'étendue, pour l'autre par des monades, etc. Ce qui prouve que chacun met du sien dans sa conception. Et chacun aussi met du sien dans ses négations comme dans ses affirmations.

Ne pas croire à l'existence d'autres êtres ce n'est pas dire, quand on voit, quand on entend, quand on touche, qu'on ne voit pas, qu'on n'entend pas, qu'on ne touche pas. Cette remarque nous l'avons déjà faite. Mais c'est s'en tenir simplement à ce qu'on voit, à ce qu'on entend, à ce qu'on touche, en disant que tout n'est que phénomène et sans arriver par l'intermédiaire de ce qu'on voit, de ce qu'on entend et de ce qu'on touche à reconnaître des réalités en soi, des sujets, des êtres.

Nous avons vu que c'est en nous dégageant du phénomène, en nous recueillant dans la dispersion de l'espace et du temps que nous nous trouvons nous-mêmes, et que nous nous affirmons comme êtres, parce qu'ainsi, avec le concours de Dieu et en Lui, nous nous constituons dans l'unité et la permanence. C'est aussi en nous dégageant du phénomène que nous trouvons les autres êtres et que nous les affirmons dans leur réalité intérieure. Ils sont dans les données de l'expérience, dans les modifications qui se produisent en nous autant que nous y sommes nous-mêmes ; mais il faut savoir les y découvrir.

A ce titre les données de l'expérience sont des signes que nous avons à interpréter. Mais pour les interpréter il ne suffit pas de les subir en les percevant. Entendre le son d'un mot et le comprendre sont deux choses fort différentes. Interpréter un signe c'est trouver en lui autre chose qu'une donnée sensible. Mais on ne trouve ainsi autre chose dans un signe que d'après ce qu'on trouve en soi. Si on parle à quelqu'un de sentiments ou d'idées qu'il n'a en aucune façon et à aucun degré, ce qu'on dit est pour lui lettre morte, ou bien il l'interprète à sa manière en le dénaturant. Les paroles n'ont de sens que si elles éveillent des pensées qui dorment en excitant des énergies latentes.

En conséquence pour que les données de l'expérience ne restent pas simplement des phénomènes, ou bien pour que par elles en concevant de l'être on ne s'illusionne pas, il faut mettre en elles l'être qu'on découvre en soi après s'être librement affirmé avec le concours de Dieu. Concevoir, et affirmer l'existence d'autres êtres ne résulte donc pas d'une perception sensible comme le suppose les empiristes, ni d'un instinct comme le supposent les fidéistes, ni d'un travail d'abstraction comme le supposent les idéalistes. Concevoir et affirmer l'existence d'autres êtres résulte d'un travail d'*interprétation*, et ce travail d'interprétation pour s'accomplir dans la vérité, exige une transformation intérieure : car forcément l'interprétation se fait d'après ce qu'on est, et j'entends d'après ce qu'on est librement et par volonté.

Est-ce à dire qu'on doit voir partout et mettre partout des sujets en tout semblables au sujet qu'on est? Pas le moins du monde. Mais on ne concevra et on n'affirmera partout comme réalité que des sujets plus ou moins développés et plus ou moins concentrés intérieurement et dont on trouvera le type en soi-même. Tout degré d'être supérieur en effet enveloppe les degrés inférieurs. Et pour connaître et affirmer les degrés inférieurs il faut les voir de haut. Et l'idée qu'on s'en fait est d'autant plus juste, d'autant plus adéquate qu'avec Dieu et par Dieu on s'est constitué plus hautement et plus fermement dans l'être. Pour voir la place et le rôle et la fin de chaque catégorie d'être, il faut arriver à les considérer du point de vue de Dieu ; et pour croire à leur existence il faut arriver à les affirmer avec lui.

∗ ∗

Nous croyons pouvoir ici nous contenter d'indiquer seulement cette méthode d'interprétation, en faisant observer que par elle tout peut et tout doit être mis à profit. Le propre du métaphysicien c'est de ne rien subir mais aussi de ne rien dédaigner. Ce que nous tenons à signaler, c'est le caractère moral de la méthode en question. La croyance à l'existence d'autres êtres et la connaissance qu'on en peut avoir ne s'imposent pas et n'entrent pas en nous du dehors. C'est quelque chose qu'on acquiert et qu'on se donne. Il n'y a là rien d'instinctif, rien d'aveugle, rien de fatal.

Il importe de ne pas perdre de vue que les négations ne portent jamais ni sur les apparences sensibles, ni sur les idées comme telles ; elles ne portent toujours et ne peuvent porter que sur l'être. Et la condition des négations comme des affirmations se trouve dans l'état d'âme, dans les dispositions morales de ceux qui les formulent.

L'état d'âme de ceux qui nient, c'est l'égoïsme. Et il ne s'agit pas ici de ceux qui nient seulement en paroles — le cas peut se rencontrer — mais il s'agit de ceux qui nient en acte et en pensée. Qu'est-ce en effet qu'être égoïste ? C'est se considérer comme un centre en qui tout doit s'unifier et à qui tout se ramène. C'est poser son individualité comme un absolu de qui tout dépend. L'égoïste voudrait remplir à lui tout seul le temps et l'espace. Il prétend n'exister que par lui-même et se suffire à lui-même, et ainsi il s'affirme aux dépens de tout le reste. On peut dire qu'il se fait l'être de tout ; il veut que tout soit sa chose, que tout soit pour lui. Si cependant dans ces dispositions il a encore l'air de croire à l'existence de réalités en soi dont il cherche à s'emparer pour vivre et pour agrandir extérieurement son être, et s'il évite ainsi le scepticisme pur et simple, ce n'est que pour tomber dans un dogmatisme illusoire. C'est qu'en effet des réalités en soi qui à un degré quelconque n'existent pas pour soi, des réalités en soi qui n'ont pas une certaine autonomie, qui ne sont pas des sujets, ne sauraient être que des rêves ou des abstractions. Etre réellement en soi, c'est aussi plus ou moins être pour soi. Or en voulant que tout soit pour lui l'égoïste ne reconnaît à rien le droit d'être pour soi : car ce qui existerait pour soi et non pour lui limiterait à ses yeux son existence. Et justement il ne veut pas que son existence ait des limites. Si donc il affirme encore malgré tout l'existence de réalités en soi c'est en les concevant comme des choses relatives à lui. Et en conséquence son affirmation est menteuse : en fait et pratiquement il nie. Un égoïste qui jouit ne s'inquiète pas de savoir ce qui dans d'autres êtres correspond à sa jouissance. C'est que pour lui il n'y a pas d'autres êtres : il n'y a que des choses dont il use ou des idées dont il s'amuse et s'enchante. Aussi il est seul.

Et si d'une certaine façon il cesse d'être seul, ce n'est que par les contrariétés qu'il subit, quand les autres êtres lui font sentir qu'ils ne sont pas simplement des choses à sa disposition. De là résulte, relativement à l'existence des autres êtres, ce que nous pouvons encore appeler une foi de crainte qui s'oppose à la foi d'amour, et analogue à la foi de crainte que nous avons signalée en parlant de Dieu. Mais il faut redire aussi ce que nous en avons dit : croire uniquement par crainte c'est croire en niant. En conséquence c'est là une foi qui tend à disparaître et qui peut finir par disparaître en effet. Quand on subit les autres êtres au lieu de les accepter on les sent peser sur soi comme une fatalité aveugle et sourde. On est écrasé par eux, et on s'efforce de les rejeter et de s'en délivrer. Si ce n'est pas la solitude, c'est pire que d'être seul.

En toute hypothèse il apparaît donc bien nettement que l'égoïsme est la négation des autres êtres comme tels et que toute négation des autres êtres implique l'égoïsme. Et nier les autres êtres c'est les méconnaître, c'est ne les voir que par le dehors et comme des phénomènes.

Mais peut-on s'affirmer soi-même sans être égoïste ? Et à cause de la compénétration des êtres toute affirmation de soi n'est-elle pas nécessairement une négation des autres ? Quand on nie les autres êtres c'est évidemment par le désir d'accaparer pour soi l'être tout entier. Et n'est-ce pas la seule manière d'être vraiment et pleinement ? Cependant il a été dit : celui qui aime son âme la perd. Et en effet celui qui pour s'affirmer nie les autres êtres, en ne les considérant que par le dehors, en ne voyant en eux que des phénomènes ou des choses à sa disposition, aboutit à s'isoler. Et une fois isolé, niant les autres, il se sent nié par eux. Tout le refoule et le resserre en lui-même. L'être qu'il s'efforce d'affirmer en lui au détriment des autres êtres lui échappe incessamment. Il peut avoir des instants ou même des années d'illusion, mais tôt ou tard son affirmation périclite et son rêve s'écroule.

Et qu'on ne dise pas que pour s'affirmer légitimement soi-même on n'a besoin que de Dieu seul. Oui sans doute à qui perd tout Dieu reste encore ; mais c'est qu'avec Dieu on retrouve tout. Et cette formule : Dieu nous suffit, serait tout à fait inexacte si on l'entendait en ce sens qu'on peut ne pas tenir compte des autres êtres. Ce qui est vrai c'est que sans Dieu rien ne nous suffit. Nous sommes premièrement par Dieu et secondairement par tout le reste. Et en vertu de la compénétration des êtres et de la solidarité qui les lie nous avons besoin de tout le reste pour nous affirmer nous-mêmes et pour affirmer Dieu. Voilà pourquoi nous ne pouvons aimer Dieu sans aimer le prochain ni aimer le prochain sans aimer Dieu. Aussi a-t-il été dit que ces deux commandements n'en font qu'un. En conséquence, comme Dieu nous veut par les autres, nous ne pouvons nier les autres sans être amenés par le fait même à nier Dieu. Et nier Dieu pour s'affirmer soi-même, nous l'avons vu, c'est une duperie.

Si donc on ne pouvait s'affirmer soi-même qu'en niant les autres, l'affirmation de soi-même ne serait jamais légitime ni solide ; et il y aurait comme le prétendent les pessimistes, un antagonisme irréductible entre tous les êtres. Mais aussi pour ne pas nier les autres il faut en un sens se nier soi-même. Seulement, s'il est vrai de dire qu'en aimant son âme on la perd, il est également vrai de dire qu'en perdant son âme on la sauve.

.·.

On méconnaît les autres, comme on méconnaît Dieu, comme on se méconnaît soi-même, en voulant être par le dehors, en s'efforçant de se faire une place de plus en plus grande au soleil, et en se considérant comme un individu dont la destinée est de s'étendre à l'infini dans l'espace et dans le temps. C'est ainsi qu'on rêve de ne pas mourir et de posséder l'univers tout entier. Telle est la forme sous laquelle il faut se nier pour trouver Dieu et les autres et pour se trouver soi-même dans la vérité de son être.

De même que c'est par égoïsme qu'on nie les autres êtres, c'est par désintéressement qu'on les affirme. Ils ne sont pour nous que si nous consentons qu'ils soient. Assurément si nous ne consentons pas qu'ils soient, cela ne les empêche pas d'être en eux-mêmes par la volonté de Dieu, et nos négations n'y font rien. Mais en nous tout est différent selon que nous les affirmons ou que nous ne les affirmons pas. Or pour les affirmer, pour consentir qu'ils soient, il faut les vouloir en eux-mêmes et pour eux-mêmes dans la mesure où ils sont, c'est-à-dire dans la mesure où comme sujets ils ont une autonomie. Mais pour les vouloir ainsi et pour les reconnaître comme tels il faut renoncer à les posséder comme des choses et aussi cesser de les redouter comme des ennemis. Il faut consentir à n'être pas tout. Cette condition est indispensable pour accomplir le travail d'interprétation dont nous avons parlé plus haut et pour arriver à donner à tout ce que nous expérimentons son véritable sens.

Dès lors que notre égoïsme ne nous aveugle plus, à travers les phénomènes ou plutôt dans les phénomènes mêmes nous découvrons les autres êtres et nous les affirmons. Nous reconnaissons que nous sommes par eux. En nous dépouillant de notre individualité égoïste, en nous faisant petits par le dehors, pour nous retrouver en Dieu intérieurement, nous les retrouvons avec nous. Nous les voulons en Dieu et par Lui, en même temps que nous nous voulons nous-mêmes.

De ce point de vue le monde n'apparaît plus seulement comme un système de phénomènes ou de choses dont on serait le centre. Il apparaît comme un système d'êtres, dont chacun est centre à sa manière, bien que tous soient solidaires les uns des autres. C'est un changement complet de perspective.

Ce n'est qu'en cherchant à être par le dedans que nous pouvons avoir pour nous-mêmes une certitude d'être pleine et solide. Mais c'est aussi en cherchant à être par le dedans que nous pouvons être certains de l'existence des autres êtres comme nous sommes certains de l'existence de Dieu.

Quand en effet nous cherchons à être par le dedans et que, par le fait même, nous cessons de vouloir nous emparer de tout, comme si tout n'était que choses à notre disposition, nous ne trouvons plus d'obstacles dans les autres êtres. Et comme ils sont en nous et que nous sommes en eux par compénétration et solidarité, nous les rencontrons intérieurement, voulus par Dieu ainsi que nous sommes voulus nous-mêmes. C'est de cette façon que se rencontrent deux volontés qui s'aiment, et qui au lieu de se nier et de se limiter s'affirment réciproquement et se redoublent l'une par l'autre.

Par le désintéressement il semble d'abord qu'on perd tout et qu'on se perd soi-même ; mais en réalité on ne perd que des illusions. Ce qu'on sacrifie on le retrouve au centuple. L'existence des autres êtres à laquelle on consent, qu'on accepte et qu'on veut, devient comme une extension de l'existence propre au lieu d'en être une limitation, parce qu'en les voulant en soi on se veut en eux, parce qu'en les affirmant on se fait affirmer par eux. Et si du dehors on est meurtri et écrasé, on ne domine pas seulement la nature, ainsi que le disait Pascal, parce qu'on sait qu'on est écrasé par elle et qu'elle l'ignore : ce ne serait là encore qu'une satisfaction stoïque, transitoire et stérile ; mais on la domine en acceptant d'être écrasé avec la certitude qu'on est impérissable, avec le sentiment très ferme qu'en se dépouillant de son égoïsme par les meurtrissures et les négations qu'on subit, on ne fait que s'ouvrir à Dieu et aux autres pour s'affirmer avec eux dans la plénitude d'être.

.˙.

C'est donc en aimant les autres qu'on les fait exister pour soi. Et on croit d'autant plus fermement à leur réalité qu'on les aime davantage. Mais, selon une remarque déjà faite, il ne faut pas confondre aimer et désirer : désirer c'est vouloir prendre, aimer c'est se donner.

L'égoïste désire les autres êtres, et c'est en les désirant qu'il les transforme en choses à ses yeux et qu'il les nie. Mais malgré son désir il reste impuissant à s'emparer d'eux parce que du dehors on ne peut jamais saisir des êtres en eux-mêmes. Ils se ferment à lui comme il se ferme à eux. Non seulement tout lui manque, mais tout se dresse contre lui. Et au lieu de la plénitude d'être qui est l'objet de son désir il ne trouve de toutes parts qu'obstacles irritants et limitations exaspérantes. Plus il s'étend à l'extérieur, plus il accapare de choses, plus il devient riche ou puissant et plus en même temps il donne prise aux attaques du dehors. Plus il cherche à se remplir et plus le vide intérieur qui est en lui se creuse. Et ainsi en définitive ses négations retombent douloureusement sur lui. Et il a beau vouloir s'affirmer et affirmer des choses en dehors de lui, pour s'appuyer sur elles, sa certitude est blessée à mort.

Celui qui aime au contraire en se donnant à tout conquiert tout. Il fait tomber toutes les barrières qui le séparent des autres, tous les obstacles qui l'isolent. Il s'ouvre même à ceux qui le nient, répondant à la haine par l'amour, et tâchant, comme dit S. Paul, de vaincre le mal par le bien. De cette façon il peut entrer en communion avec le système entier des êtres dans sa multiplicité et sa variété infinies. C'est ainsi qu'un S. François d'Assise appelait tout ce qui l'entourait ses frères et ses sœurs. Ce n'était pas sans doute qu'il jugeât que tous les êtres de la nature fussent ses égaux. Mais partout il voyait des existences voulues par Dieu et qu'il devait vouloir avec Lui et en Lui, des existences avec lesquelles, du point de vue de Dieu, la sienne s'harmonisait. Ce n'étaient plus pour lui des choses bonnes à posséder ou des choses nuisibles à repousser. C'étaient des êtres. En leur ouvrant son âme il s'enrichissait de leur substance. Et en même temps il leur prêtait sa pensée et son cœur pour louer et pour aimer Dieu. Il croyait à leur réalité avec une foi d'amour : n'ayant d'eux rien à craindre, rien ne l'empêchait de leur reconnaître le droit à tous les degrés de s'épanouir dans l'être.

Avons-nous besoin de dire que nous ne prétendons pas ici présenter S. François d'Assise comme un métaphysicien qui aurait eu une doctrine méthodiquement élaborée ? Ce que nous considérons ce sont ses dispositions et son attitude comme condition d'une croyance vraie et sincère, non pas seulement en paroles mais en actes, à la réalité des autres êtres. Et c'est justement parce qu'il ne désirait plus rien qu'il aimait tout en Dieu et Dieu en tout avec une âme toute grande ouverte[1].

Tous les êtres n'ayant pas la même réalité, nous n'avons pas à croire en eux de la même façon ni à les aimer également. Ce qui fait le plus ou moins de réalité d'un être c'est le plus ou moins d'autonomie dont il jouit. Comme les êtres subsistent les uns par les autres, ceux qui ont moins d'autonomie sont subordonnés par le fait même à ceux qui en ont plus.

A ce titre les êtres raisonnables et libres qui participent consciemment à la vie divine ont des droits sur les autres êtres. Mais la portée et le sens de ces droits sont déterminés par le rapport des êtres entre eux et par leur rapport commun au même principe et à la même fin.

Aucun être n'appartient à un autre être pour qu'il s'en serve à son gré et à son caprice. Quand nous agissons nous faisons toujours, d'une manière ou d'une autre, collaborer à notre acte des énergies étrangères que nous captons. Mais si nous agissons en égoïste nous abusons d'elles ; nous les détournons de leur fin. Quand nous commettons le mal ce n'est pas Dieu seulement ou nos semblables que nous méconnaissons ; nous méconnaissons la nature entière, le système entier des êtres. Si au contraire nous nous servons des êtres inférieurs pour nous unir à Dieu et à nos semblables, nous leur donnons une valeur qu'ils n'avaient pas et en même temps nous les pacifions en les unifiant[2].

Voir en eux seulement des moyens, ce serait nier leur

---

1. Il est intéressant aussi de constater avec quelle intensité par exemple un S. Vincent de Paul croyait à la réalité des autres hommes, dont il sentait vraiment toutes les souffrances et toutes les misères. Combien différent de ceux pour qui les autres hommes ne sont que des instruments ou simplement des fantômes dans un rêve et dont on n'a pas à s'inquiéter !

2. Expectatio creaturæ revelationem filiorum Dei expectat. Vanitati enim creatura subjecta est non volens, sed propter eum qui subjecit eam, in spe quia et ipsa creatura liberabitur à servitute corruptionis in libertatem gloriæ filiorum Dei. Scimus enim quod omnis creatura ingemiscit et parturit usque adhuc (*Rom.*, VIII, 19-22).

réalité comme êtres : car tout être est plus ou moins une fin en soi. Il faut donc se servir d'eux de telle sorte qu'ils approuveraient et consentiraient, s'ils pouvaient prendre clairement conscience du but que nous poursuivons avec leur concours. Tout en agissant par eux nous avons aussi à agir pour eux. Les droits que nous avons sur eux sont des devoirs que nous avons à remplir envers eux. Nous devons les vouloir comme Dieu les veut, et les aimer comme Dieu les aime. Et les transformations que nous leur faisons subir ne sont légitimes que si nous les améliorons en nous améliorant.

On considère souvent la nature comme un système qui serait dès maintenant harmonieusement constitué. C'est un optimisme aveugle et décevant. S'il en était ainsi il n'y aurait rien à faire. Dans la nature au contraire — et par nature j'entends l'ensemble des êtres créés — les énergies s'opposent et sont en lutte les unes contre les autres. Et ce que nous avons à faire c'est de dompter, d'assouplir ces énergies pour les faire converger, comme par un seul acte d'amour, dans une fin commune. Mais pour obtenir ce résultat les êtres libres et raisonnables n'ont qu'à s'harmoniser entre eux. Et pour s'harmoniser entre eux ils n'ont qu'à s'harmoniser avec Dieu. « L'homme qui est arrivé là, dit Rusbrok, est la joie de toutes les créatures. »

Si les êtres libres ont à se servir les uns les autres, ils n'ont jamais à se servir les uns des autres. A cause de leur égale autonomie ils peuvent se séparer ou s'unir entre eux plus profondément qu'ils ne peuvent se séparer des autres êtres ou s'unir avec eux. Combien sont loin l'un de l'autre des ennemis qui se nient réciproquement par la haine et dont chacun dit de l'autre : il n'existe plus pour moi ! Cette formule courante, à notre point de vue, est très significative. Mais combien aussi sont près l'une de l'autre des âmes qui se rencontrent en Dieu, au plus profond d'elles-mêmes, et qui s'affirment réciproquement en vivant l'une par l'autre et l'une pour l'autre ! C'est là que la certitude et l'amour atteignent leur maximum d'intensité.

VI

Conclusion.

Leibniz disait que les monades n'ont pas de fenêtres ouvertes sur le monde. C'est vrai sans doute en un sens pour toutes celles qui, à quelque degré que ce soit, n'ont que des appétits ou des désirs et qui, incapables d'aimer et de croire, restent enfermées en elles-mêmes. Mais quand il s'agit des âmes, quand il s'agit de nous, qui par la raison et le libre arbitre avons une autonomie morale, si par égoïsme il nous est possible également de rester enfermés en nous-mêmes sans fenêtres ouvertes sur le monde des êtres, nous pouvons aussi et nous devons en ouvrir par désintéressement et par amour ; et nous pouvons non seulement ouvrir des fenêtres pour voir et pour être vus, mais encore des portes pour sortir et pour laisser entrer.

Il est bien évident toutefois que pour trouver les autres dans leur réalité intérieure, il faut les chercher en Dieu comme il faut s'y chercher soi-même. Pour croire à leur être, pour dire : ils sont, comme pour dire : je suis, il faut les fonder en Dieu comme il faut s'y fonder soi-même, parce que sans Dieu rien ne peut être, et que sans Dieu aucune certitude n'a de garantie.

En se séparant de Dieu les êtres se séparent aussi les uns des autres ; et alors ils ne se voient plus que par le dehors ; ils ne se considèrent plus que comme des phénomènes qui s'écoulent dans le temps et comme des choses qui se limitent dans l'espace ; ils se prennent réciproquement pour moyens, chacun voulant que les autres ne soient que des instruments pour la satisfaction de ses désirs ; et ainsi ils se heurtent, en même temps qu'un abîme de plus en plus profond se creuse entre eux.

Au contraire en s'unissant à Dieu, ils s'unissent les uns aux autres, ils se pénètrent, ils s'affirment mutuellement, ils se considèrent comme des êtres. Dans leur fin commune qui est Dieu ils deviennent des fins les uns pour les autres. Ils constituent un système vivant, reliés les uns aux autres par l'amour, et affermis dans l'être les uns par les autres : comme les pierres d'un édifice solidement bâti qui se soutiennent réciproquement. Dieu est à la fois le fondement et la clef de voûte du système.

Il apparaît donc enfin que l'affirmation de soi, l'affirmation de Dieu et l'affirmation des autres êtres sont indissolublement solidaires. Il s'agit ici évidemment d'affirmations soumises à l'épreuve de la critique et de la réflexion et pour lesquelles les déceptions ne sont plus à craindre. Je ne puis m'affirmer sans affirmer Dieu et sans affirmer les autres : car je suis par les autres et par Dieu. Je ne puis affirmer les autres sans m'affirmer et sans affirmer Dieu : car les autres aussi sont par Dieu et par moi. Enfin je ne puis affirmer Dieu sans affirmer les autres et sans m'affirme moi-même : car, si Dieu n'existe ni par moi ni par les autres, mais par lui-même, il ne s'affirme cependant en moi que par mon concours et le concours des autres. Tout se fait par coopération. C'est justement ce qu'il s'agit de reconnaître. On perd tout quand on s'abandonne, quand on se livre[1], quand on croupit dans l'inaction intérieure, comme les quiétistes, sous prétexte que l'on n'est rien[2]. Mais on perd tout aussi quand on veut se suffire à soi-même et que pour être pleinement on s'imagine pouvoir s'emparer des autres et de Dieu par ses propres forces. On ne s'empare pas ainsi de ce qui est en soi. Dieu et aussi les autres s'appartiennent à eux-mêmes. Pour les conquérir, pour être par eux, pour avoir la certitude d'être par la certitude qu'ils sont, il faut se donner à eux.

*
* *

L'être est donc atteint et connu par une expérience intime d'un caractère unique. Ce n'est pas une intuition, c'est encore moins une sensation. C'est un acte par lequel consciemment et librement on s'affirme en Dieu et par Lui

---

1. Nous avons cru pouvoir employer ces expressions pour signifier le fait d'être passif, bien que dans le langage des mystiques chrétiens elles aient en réalité un autre sens.

2. Ei autem qui non habet et quod videtur habere auferetur ab eo (Matt., XXV, 29 et Luc, VIII, 18).

en affirmant les autres. Et à proprement parler cet acte est une acceptation, une ratification de l'acte créateur, une réponse d'amour à l'amour de Dieu.

La certitude qui a pour objet l'être, la certitude métaphysique, a donc pour caractère essentiel d'être vivante. Et étant vivante elle est morale. Et en disant qu'elle est morale nous ne voulons pas dire qu'elle ne repose par exemple que sur des probabilités ou qu'elle manque de garanties suffisantes. Elle est morale en ce sens qu'elle est notre œuvre, œuvre que nous accomplissons avec le concours de Dieu et le concours des autres, mais pour laquelle notre action propre est indispensable. Nous ne l'opposons nullement à la certitude absolue. Nous disons au contraire qu'elle est absolue parce qu'elle est morale, parce qu'elle est libre et que nous ne la subissons pas. Se réalisant par le dedans elle est pleinement nôtre, et rien du dehors n'y peut malgré nous porter atteinte. Elle est Dieu même agissant en nous et accepté par nous.

Et qu'on ne nous objecte pas surtout qu'en parlant ainsi nous nions, selon l'expression courante, la valeur de la raison humaine. On dénaturerait étrangement notre pensée. Nous avons montré que nos affirmations métaphysiques sont étroitement solidaires, et nous avons montré aussi que croire c'est agir et non pas seulement penser dans le sens de combiner, de déduire ou de systématiser des idées. Mais il est bien évident toutefois qu'on ne croit pas sans penser. Nous n'essayons pas de séparer ce qui est inséparable. Croire est un acte moral, et pour agir moralement il faut savoir ce que l'on fait. Sans boussole un navire ne peut pas se diriger. Néanmoins ce n'est pas la boussole qui choisit le but où il tend, ni qui le fait avancer.

Mais qu'on ne s'y méprenne pas, en établissant le rôle essentiel de l'action dans la certitude nous ne prétendons pas que l'action se substitue à la connaissance et à la science. Ce ne sont pas là des choses qui s'opposent et qui peuvent se substituer l'une à l'autre. Nous ne disons pas que la raison est impuissante, que la pensée est stérile, et que la science est vide. Ce que nous cherchons au contraire c'est à avoir des pensées de plus en plus vivantes et une science de plus en plus pleine. Mais cette science de plus en plus pleine doit être une science de l'action, une science des conditions de la certitude, en un mot une science de la vie. Et ce qu'on doit chercher par elle c'est à s'éclairer soi-même jusque dans ses dernières profondeurs, en même temps qu'à éclairer les autres. Nous ne méconnaissons ni la nécessité de raisonner, ni les lois de la logique. Et ce serait singulièrement puéril de nous accuser de subjectivisme parce que nous disons qu'il y a lieu d'instituer une science du sujet et de ce qui se passe dans le sujet.

∗
∗ ∗

Nous ferons remarquer cependant qu'en parlant comme on le fait souvent de la valeur de la raison humaine on risque de se duper par une abstraction. Il n'existe pas en effet de raison humaine en général, de faculté impersonnelle opérant uniformément la vérité chez tous les individus à la fois. Il faut faire attention à ne pas tomber inconsciemment dans l'Averroïsme. En réalité il y a votre raison, il y a celle des autres et il y a la mienne. Et elles valent ce que nous valons. Et la preuve c'est qu'elles sont loin, hélas ! de toujours s'accorder. Il y a des vérités pour vous qui sont des erreurs pour moi et réciproquement. Et qu'avons-nous à faire si ce n'est justement de travailler à mettre nos raisons d'accord ? Mais nous aurons beau raisonner conformément à toutes les lois de la logique, si chacun de nous, sous prétexte de respecter en lui la valeur de la raison humaine, reste ce qu'il est, fixé dans son point de vue, l'accord ne s'établira jamais, et d'autant moins même qu'on raisonnera mieux. Encore une fois ce n'est pas qu'il soit inutile ni surtout nuisible de raisonner. Mais pour aboutir au but il faut se mouvoir en raisonnant, il faut se modifier, il faut au moins par condescendance et charité se mettre à la place des autres et à leur point de vue pour les comprendre. Celui qui gît dans un souterrain ne peut pas voir comme celui qui se dresse debout sur une montagne.

La vérité n'est pas une chose toute faite qui tombe d'en

haut dans l'esprit. Quand on en parle comme d'une notion qui existerait objectivement au-dessus de nous et en dehors de nous, on est encore dupe d'une abstraction. La vérité c'est l'accord des esprits, de même que le bien est l'accord de volontés. Et qu'on ne nous objecte pas que les esprits peuvent s'accorder dans l'erreur et les volontés dans le mal : car ce qu'on appelle un accord dans l'erreur et dans le mal, ce ne peut toujours être qu'un accord restreint, apparent et provisoire. Tous les esprits ne peuvent pas s'accorder à la fois dans l'erreur, ni toutes les volontés dans le mal. Etre dans l'erreur en effet c'est ériger une manière de penser relative et particulière en manière de pensée absolue et universelle ; l'erreur est par essence exclusive. De même être dans le mal c'est s'opposer par égoïsme à d'autres volontés. Et quand il arrive que plusieurs esprits s'accordent dans une affirmation erronée et plusieurs volontés dans une disposition mauvaise, leur accord n'est qu'à la surface et tout extérieur, il est instable et par suite le plus petit changement dans les circonstances le fait disparaître. C'est ce que nous constatons tous les jours. L'accord au contraire qui constitue la vérité et le bien, accord réel et profond, a pour caractère d'être universel et absolu, indépendant des circonstances extérieures. Etre dans la vérité c'est penser ce qui peut être pensé par tous les esprits à la fois, de telle sorte que si on est en opposition avec les autres, c'est parce qu'ils en sont encore à un point de vue exclusif. De même être bon c'est vouloir ce qui peut être à la fois voulu par tous ; c'est prendre une attitude telle que si tous la prenaient il n'y aurait plus d'opposition.

Ceci revient à dire évidemment que si la vérité est l'accord des esprits et le bien l'accord des volontés, les esprits et les volontés ne peuvent s'accorder qu'en se rencontrant et en s'unifiant en Dieu. Finalement il faut donc dire que la vérité c'est de penser comme Dieu pense, et que le bien c'est de vouloir comme Dieu veut. Mais ainsi entendus ces mots vérité et bien signifient tout autre chose que des abstractions vides et froides. La vérité et le bien c'est l'union de chaque âme vivante à Dieu vivant, et par Dieu à tous les autres êtres. On grandit dans la vérité comme on grandit dans le bien en se dépouillant de ce qu'il y a en soi de relatif. Et il y a toujours lieu de croire que le dépouillement n'est pas complet, si bien que pour progresser il faut incessamment se défier de soi. *Qui dicit semel sufficit, periit*, dit S. Augustin.

Chacun de nous est toujours porté à s'imaginer que le monde entier va crouler ou que la raison humaine est en danger, quand le petit système d'idées dans lequel il s'abrite se heurte à des oppositions qui l'ébranlent. Le monde ne croule pas et la raison humaine ne périclite pas pour si peu. Ce n'est pas le monde du reste ni la raison humaine qui sont jamais menacés ; et ce n'est pas nous non plus, au moins dans notre réalité vraie, dans notre essence intime, car rien du dehors ne peut la violer malgré nous. Ce qui est menacé, ce qui peut être détruit et enlevé, c'est seulement ce qu'il y a de relatif en nous. Si nous n'y sommes pas attachés nous n'avons jamais rien à craindre. Voilà ce qu'il faut comprendre afin de tirer profit des oppositions les plus déconcertantes. Voilà ce qui faisait dire à S. Paul que tout coopère au bien de ceux qui aiment Dieu. C'est que tout les aide, les joies et les souffrances, à donner à leur vie son véritable sens.

*
* *

On doit comprendre enfin en quoi consiste ce que nous appelons le dogmatisme moral. Spéculativement c'est l'explication de la certitude par l'action : pour connaître l'être et pour y croire il faut coopérer à se donner l'être à soi-même dans sa vie librement voulue. Pratiquement c'est la mise en œuvre de la méthode critique et de la méthode ascétique pour se dépouiller de toute relativité dans sa manière d'être et dans sa manière de penser. Il se distingue nettement du scepticisme, d'après lequel nous sommes invinciblement enfoncés dans le relatif, et du dogmatisme illusoire d'après lequel il suffit de penser et d'avoir des idées pour être dans l'absolu. En vertu de notre condition humaine nous naissons et nous sommes en effet naturellement dans le relatif ; mais ce que nous avons à faire en vivant, c'est justement d'en sortir, et c'est parce que nous avons le pouvoir d'en sortir que nous sommes des êtres moraux.

Assurément en formulant ce dogmatisme moral nous n'introduisons par une nouvelle méthode de découvrir la vérité et de réaliser en soi la certitude. Et tout ce que nous prétendons à ce point de vue c'est simplement que ceux, quels qu'ils soient, qui ont eu la certitude dans la vérité et qui ont cru à l'être sans subir aucune illusion, n'ont pas suivi d'autre méthode que celle-là. Sans aucun doute les circonstances extérieures, les causes occasionnelles, les motifs mêmes qui paraissent déterminants, sont différents pour chacun. L'un découvre Dieu dans l'histoire, un autre dans les beautés de la nature, un autre dans la joie, un autre dans la peine, un autre en étudiant les philosophes, etc. En ce sens on peut dire que chacun a sa voie propre, et que Dieu pour se faire accepter se fait tout à tous. Néanmoins, malgré toutes les différences, le passage de l'erreur à la vérité, et aussi le passage du doute à la certitude se fait toujours par un changement du cœur.

Et s'il en est qui s'imaginent que le changement du cœur leur est imposé au contraire par la vérité venant du dehors, c'est que derrière l'accident ou la circonstance qui les frappent, sous les raisonnements plus ou moins compliqués par lesquels ils passent, ils ne savent pas encore apercevoir la démarche essentielle et décisive par laquelle en acceptant Dieu librement au plus profond d'eux-mêmes, ils modifient leur manière de voir en modifiant leur manière d'être [1].

Pour s'épanouir dans la vérité, en se fixant dans la certitude et la possession de l'être, le tout est d'accepter Dieu, de s'ouvrir à lui toujours plus profondément et plus largement. Mais il ne vient pas une fois pour toutes, à un moment donné, par une idée qui entre dans l'esprit. Il vient sans cesse ; sans cesse il frappe à la porte et « il arrive toujours pour la première fois, comme s'il n'était jamais venu :

---

1. Rien n'est plus instructif à cet égard que les récits de conversion où l'on prend pour ainsi dire la vie sur le fait.

car son arrivée, indépendante du temps, consiste dans un éternel présent ; et un éternel amour renouvelle éternellement les joies de l'arrivée »[1]. L'amour est donc le premier et le dernier mot de tout. Il est le principe, le moyen et la fin. C'est en aimant qu'on sort de soi et qu'on s'élève au-dessus de son individualité temporelle. C'est en aimant qu'on trouve Dieu et les autres êtres et qu'on se trouve soi-même. Et on ne trouve Dieu et les autres êtres et on ne se trouve soi-même que pour aimer encore. Et ainsi toujours sans fin ni trêve. L'amour ne s'épuise pas, il s'engendre lui-même, il naît de lui-même toujours renouvelé et agrandi. Et l'amour est à la fois lumière, chaleur et vie.

[1]. Rusbrock.

Imp. G. Saint-Aubin et Thevenot. — J. Thevenot, successeur, St-Dizier (Haute-Marne).

Documents manquants (pages, cahiers...)
NF Z 43-120-13

www.ingramcontent.com/pod-product-compliance
Lightning Source LLC
LaVergne TN
LVHW050607090426
835512LV00008B/1375